Annual Report on the
Internationalization of Renminbi, 2016

人民幣國際化報告2016

貨幣國際化與宏觀金融風險管理

中國人民大學國際貨幣研究所◎著

〈上冊〉

編委名單

主　編　涂永紅　王　江　王　芳
編　委（以姓氏筆劃為序）

付之琳　剛建華　伍　聰　劉　陽

曲　強　李　戎　李英杰　何　青

宋　科　連　平　張文春　羅　煜

趙　然　趙雪情　趙錫軍　胡　波

胡天龍　姚瑜琳　鄂志寰　戴穩勝

導論

　　2015年是極不平靜的一年。在美聯儲正式啟動加息進程後，美元指數不斷攀高，美元資產受到追捧，國際資本流動大規模調整，致使中國資本流出壓力急劇增大。難民危機延緩了歐洲經濟復甦，英國「脫歐」風險使其前景的不確定性進一步增大，歐央行宣佈實施負利率政策。由於歐盟是中國最大的交易夥伴，所以歐元大幅度貶值沉重打擊了中國出口貿易。如此國際形勢對於正在艱難轉型的中國經濟來說可謂是雪上加霜。一方面，產能過剩、民間投資下降、銀行不良資產上升等問題日益突出。另一方面，國內金融市場動盪不安，上半年發生了高槓桿和民間配資推動的股災，市值蒸發20多萬億元；下半年外匯市場經歷了恐慌性匯率超調，離岸市場人民幣流動性呈現斷崖式的劇烈萎縮。國內外對中國經濟增長和金融穩定的信心有所動搖。

　　人民幣國際化仍然保持了良好的發展勢頭。截至2015年年底，綜合反映人民幣國際使用程度的量化指標RII達到3.6，五年間增長逾10倍。我國對外貿易以人民幣結算的比例接近30%，將全球貿易結算的人民幣份額推高到3.38%。人民幣對外直接投資達到7 362億元，較上一年增長了294.53%；同時，國際信貸、國際債券和票據交易中的人民幣份額也快速增長，使得國際金融交易的人民幣份額躍升至5.9%。中國人民銀行簽署的貨幣互換協議餘額達3.31萬億元。

　　2015年11月30日，國際貨幣基金組織宣佈將人民幣納入SDR貨幣籃子，新貨幣籃子確定的人民幣權重10.92%將於2016年10月1日正式生效。這是中國經濟融入全球金融體系的一個重要里程碑，對世界和中國是雙贏的結果。雖然人民幣被官方認定為「可自由使用貨幣」，但「官方身份」未必自然產生國際貨幣的「市場地位」。「入籃」並不代表人民幣國際化目標已經實現，其最終目

標是要獲得與中國經濟和貿易地位相匹配的貨幣地位，註定要經歷一個漫長的歷史過程。人民幣能否成為主要國際貨幣之一，還是要取決於國際市場使用和持有人民幣的實際情況。

一般來說，主要國際貨幣的發行國應當在以下幾個方面滿足一定的條件：綜合經濟實力、貿易地位、幣值穩定、資本自由流動以及宏觀管理能力。從過去幾年的實際情況看，前幾個支撐人民幣國際化的因素都有著不錯的表現；但長遠來看，宏觀管理可能形成一個短板。由於宏觀管理能力同時又影響了幣值穩定和資本自由流動等其他因素，我們需要特別重視這方面的學習與提高，以此贏得國際社會對人民幣的長久信心。

《人民幣國際化報告2016》的主題為「貨幣國際化與宏觀金融風險管理」，聚焦宏觀管理問題，深入探討人民幣國際化進入新階段後的宏觀金融政策調整及其過程中可能誘發的宏觀金融風險。報告提出，應基於國家戰略視角構建宏觀審慎政策框架，有效防範系統性金融危機，為實體經濟穩健增長、實現人民幣國際化最終目標提供根本保障。

國際金融經典理論認為，開放經濟體的貨幣當局在貨幣政策獨立性、固定匯率制度和資本完全自由流動等宏觀金融政策目標中只能三者選擇其二。德國和日本的歷史經驗表明，在貨幣國際化水準由低而高的變化過程中，貨幣當局必然要面對跨境資本流動和匯率制度的重大變化，必須對政策目標群組合做出相應調整。德國和日本的貨幣國際化起點相似，但是由於各自選擇的政策調整路徑不同，對國內經濟和金融運行產生了迥然不同的深刻影響，致使兩國的貨幣國際化成果大相徑庭。

德國在貨幣國際化初期將匯率穩定目標置於首要位置，為此甚至不惜重啟資本管制、暫緩金融市場發展以及動用外匯儲備干預市場，從而為德國保持貿易優勢、提高工業生產競爭力和鞏固國內實體經濟發展創造了有利的外部條件，並為德國馬克匯率的長期穩定提供了有力支撐。日本則過於激進，高估了本國實體經濟應對匯率升值衝擊的能力，沒有很好地保持日圓匯率穩定。再加上對內宏觀經濟政策失誤，從根本上損害了本國實體經濟，使得日圓國際化水

準在「曇花一現」後即迅速回落。

近年來人民幣國際化水準穩步提高，加入SDR貨幣籃子後或將開始新的發展階段。這標誌著在宏觀管理方面我們已經進入政策調整的敏感期。德日兩國在政策調整上的差別處理及其對貨幣國際化產生的不同影響，對我們極具歷史借鑒意義。兩國經驗提醒我們，政策調整不能急於求成，要在實體經濟、金融市場、管理部門做好充分準備後才可放開匯率和資本帳戶。因此，在從當前「貨幣政策部分獨立＋管理浮動匯率＋有限資本開放」的宏觀金融政策組合轉向「貨幣政策獨立＋浮動匯率＋資本自由流動」的過程中，我們必須處理好匯率波動對國內經濟金融運行的衝擊，還要儘快適應跨境資本流動影響國內金融市場、金融機構以及實體經濟的全新作用機制，尤其要重視防範和管理系統性金融風險。

針對上述這些市場關注度極高、對人民幣國際化進程影響極大的關鍵問題，在歷史經驗研究、文獻研究、理論研究、實證研究和政策研究等基礎上，本報告認為：應當以宏觀審慎政策框架作為制度保障，將匯率管理作為宏觀金融風險管理的主要抓手，將資本流動管理作為宏觀金融風險管理的關鍵切入點，全力防範和化解極具破壞性的系統性金融危機，確保人民幣國際化戰略最終目標的實現。

具體地，我們得出了以下幾個核心結論與建議：

首先，關於人民幣匯率制度和匯率管理問題。人民幣匯率決定因素發生明顯變化，長期匯率由基本面決定，短期匯率波動主要受跨境資本流動衝擊和其他國家政策溢出效應影響，但市場套利行為可促使匯率回歸長期均衡水準。隨著匯率靈活性加大，匯率波動性對經濟增長穩定性的影響程度顯著提高。

應當進一步推動匯率市場化改革，完善人民幣匯率制度，從管理浮動逐漸過渡到自由浮動。匯率政策目標的實現方式從直接干預為主轉向間接干預為主，加強市場預期管理，保持長期匯率在均衡水準上的基本穩定。重視政策溢出效應，加強國際政策溝通與協調，追求與最優貨幣政策目標相符合的匯率政策目標。

其次，關於跨境資本流動與國內金融市場、機構和實體經濟穩健性的關係問題。資本帳戶開放要與匯率制度改革相互配合，堅持「漸進、可控、協調」的原則，適應中國經濟金融發展和國際經濟形勢變化的需要。

研究表明，「8·11」新匯改之後，中國資本市場價格、槓桿率和跨境資本淨流入之間的關係，由之前的單向驅動關係變為循環式的互動關係，短期資本流動衝擊足以影響到資本市場的價格和槓桿水準。國內各個金融子市場之間、境內外金融市場之間的資產價格聯動性和金融風險傳染性明顯提高，對跨境資本流動的衝擊更加敏感。不能冒進開放資本帳戶，必須加強全口徑資本流動監測。

中資銀行在資本帳戶開放進程中獲得了更大的國際化發展空間，但是必須經受國內外雙重風險的考驗，在實現市場擴張與風險控制之間尋求平衡更加困難。系統重要性銀行應當抓住機遇擴大跨國經營，同時要健全風險管理機制，避免成為外部衝擊的放大器或系統性風險的導火索。

資本流動衝擊較以前更複雜、更頻繁，加劇了實體經濟的波動性。要明確供給側改革的抓手，內外並舉推動技術進步，堅持金融服務實體經濟，防止泡沫化和虛擬化，解決中國經濟面臨的模式不適應、創新能力落後、貿易大而不強、民間投資萎縮等問題，降低實體經濟風險。人民幣國際化可以在直接投資、技術進步、貿易升級等方面與供給側改革形成良性互動，化危為機，共同推動中國經濟進行結構調整和轉型升級。

最後，關於人民幣國際化進程中的宏觀金融風險管理問題。金融穩定是實現人民幣國際化戰略最終目標的必要前提，因而構建更加全面、更具針對性的宏觀審慎政策框架就是貨幣當局加強宏觀金融管理的核心任務。

跨境資本流動等外部衝擊與國內金融市場風險、機構風險、實體經濟風險等相互交織、彼此傳染，使得由單個市場或者局部風險引起連鎖衝擊而導致系統性風險發生的概率不斷提升。需要編制中國系統性風險指數，加強對系統性風險的評估與監測。構建符合中國實際的宏觀審慎政策框架，在體制機制層面實現對系統性風險的防範與管理。

針對目前多頭監管存在的政出多門、職權交叉、責任不明、嚴寬不一等問題，應充分借鑑國際經驗，明確當前我國金融監管改革的原則，構建符合中國實際的宏觀審慎政策框架，為加強系統性風險管理提供制度保障。具體來看，要在現行金融監管框架當中增加「宏觀審慎」維度，明確宏觀審慎政策的具體實施部門。除了維護貨幣穩定之外，央行應當被賦予更多的保障金融穩定和加強金融監管的職能。從功能和機制上釐清貨幣政策、宏觀審慎、微觀審慎和行為監管四者之間的關係，加強相互之間的協調配合。全面提高金融資料的可獲得性和準確性，為系統性風險的監測、分析和評估提供全面、及時的資訊。同時建立有效的危機處置機制並加強金融消費者保護。

人民幣國際化肩負著實現中國利益主張和改革國際貨幣體系的雙重歷史使命，是中國在21世紀作為新興大國而提出的舉世矚目的重要規劃之一。因此，要站在國家戰略的高度做好宏觀金融風險管理工作，提高貨幣當局宏觀管理能力，為人民幣國際化保駕護航。

國際貨幣多元化是一個動態發展過程。國際貿易格局變遷和國際金融市場動盪都可能促成國際貨幣格局調整。越是國際經濟金融形勢複雜多變之際，我們越是要穩住自己，從容應對政策調整和宏觀金融風險管理，守住不發生系統性金融危機的底線。人民幣國際化水準穩步提高，就是對一切質疑聲音的最好回應。

目　錄

第一章

人民幣國際化指數

2015年，國際經濟曲折復甦，金融市場動盪加劇，中國經濟也逐步邁入新常態。在美元走強、匯率貶值、資本外流等國內外階段性阻力下，人民幣國際化進程總體向好，資本項目跨境人民幣政策進一步深化，CIPS一期上線運行，「一帶一路」戰略穩步推進。特別是，2015年11月人民幣通過審議加入SDR貨幣籃子，成為人民幣國際化的重要里程碑。近五年來，人民幣國際化指數（RII）增長逾10倍，在國際貿易、金融交易以及國際儲備方面的職能全面擴展，人民幣國際化闊步前行。

1.1 人民幣國際化指數及變動原因

1.1.1 人民幣國際化指數現狀

2015年，國際經濟形勢總體低迷，美聯儲加息、美元走強擾動全球金融市場。中國經濟也逐步邁入新常態，保增長、調結構任務艱巨，「8·11」新匯改後匯率貶值壓力與波動幅度增大，對人民幣國際使用產生了一定的負面衝擊。然而，短期波動難掩長期趨勢，2015年人民幣國際化總體向好，並取得了一系列突出進展，跨境人民幣使用政策進一步完善，人民幣跨境支付系統（CIPS）一期上線運行，「一帶一路」戰略有序推進。特別是，11月人民幣通

過IMF執董會審議，成為SDR貨幣籃子中除美元、歐元、日圓與英鎊以外的第五種貨幣，開啟了人民幣國際化的新篇章。2015年，人民幣作為國際貨幣在支付結算、金融交易以及國際儲備方面的職能全面擴展，RII繼續呈上升態勢。如圖1—1所示，截至2015年第三季度RII達3.87，同比增長83.9%；第四季度RII為3.60，同比增長42.9%。雖短期受阻有所回落，但並未打破整體上升趨勢，五年間RII增長逾十倍。

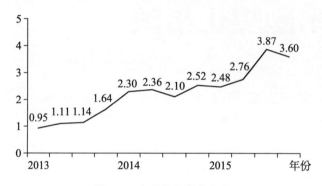

圖1—1 人民幣國際化指數

注：RII做出了以下調整：（1）近年來離岸市場快速發展，有關人民幣資產資料統計日益完善，RII國際信貸指標部分不僅包含原有的內地與香港資料，也將澳門、臺灣、新加坡、英國倫敦等市場存貸規模納入統計；（2）2015年中國國際收支統計開始實行BPM6標準，RII直接投資指標統計口徑隨之由BPM5調整為BPM6；（3）由於原始資料統計調整，RII也隨之修正。

2015年四個季度，RII分別為2.48、2.76、3.87和3.60。人民幣國際化進程逐漸進入平穩拓展階段，且2015年下半年阻力因素增大，致使RII增速整體回落，季均同比增速降至37.8%（見圖1—2）。

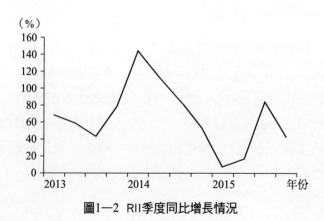

圖1—2 RII季度同比增長情況

1.1.2 人民幣國際化的主要動力

全球經濟曲折復甦，國際金融局勢動盪加劇，國內經濟下行壓力增大。在複雜嚴峻的國內外經濟環境下，人民幣國際化指數增速雖有所回落，但整體上仍保持良好上升態勢。2015年，五大動力推動RII再創新高：

第一，中國經濟運行總體平穩，金融改革有序推進。2015年，儘管我國經濟面臨較大的下行壓力，但仍是全球最穩健的經濟體之一，為人民幣國際化奠定了堅實基礎。作為新興市場旗艦，中國GDP全年增長6.9%，位於世界前列；國內著力加強結構性改革，貨幣政策總體穩健，經濟金融體系在風險中彰顯韌勁，為人民幣國際使用提供持續動能；經常專案實現順差2 932億美元，同比增長33.5%，對外直接投資同比增長14.7%，國際收支基本保持平衡，跨境資金流出逐漸收斂回歸基本面。在金融改革方面，2015年我國把握時間視窗，對商業銀行和農村合作金融機構等不再設置存款利率浮動上限，基本取消利率管制；完善人民幣中間價形成機制，進一步提高匯率市場化程度，實現中間價與市場價、在岸價與離岸價的有效糾偏，CFETS人民幣匯率指數發佈、央行外匯市場管理、打擊海外做空等，有利於引導市場預期回歸理性；以試點促創新、全國複製推廣，穩步推進人民幣資本項下可兌換。人民幣加入SDR，也是國際社會對我國貨幣金融改革成就的充分肯定。

第二，資本專案跨境人民幣業務政策進一步深化。儘管國內外金融市場波動加劇、資本外流壓力增大，但我國在資本項目跨境人民幣使用政策方面仍然取得突出進展，為拓寬人民幣回流管道、優化企業資金運營配置、支援實體經濟發展發揮了積極作用。2015年，我國進一步放鬆企業發行外債管制，放寬跨境雙向人民幣資金池業務，提升企業跨境融資的自主性與便利化；允許境外央行（貨幣當局）和其他官方儲備管理機構、國際金融組織、主權財富基金依法合規參與中國銀行間外匯市場，開展包括即期、遠期、掉期和期權在內的各品種外匯交易，提高人民幣匯率代表性，增強人民幣國際儲備功能；合格境內投資者境外投資（QDIE)試點機構在深圳前海正式落地，「滬港通」健康運行，

資產配置多元化增強。同時，我國在中國（上海）自貿區對人民幣資本項目可兌換先行先試，實行以試點促創新、全國複製推廣、快速發展與風險防範並舉的模式，穩妥推進人民幣資本項下可兌換。

第三，人民幣基礎設施逐步完善，相關配套體系與國際接軌。2015年，我國進一步融入全球金融體系與管理框架之中，金融基礎設施與配套體系建設日趨完善，為人民幣國際使用提供了各類軟硬體支撐。2015年10月，作為戰略性金融基礎設施，人民幣跨境支付系統（Crossborder Interbank Payment System, CIPS）一期上線運行，為境內外金融機構人民幣跨境和離岸業務提供資金清算和結算服務，基本覆蓋除美國以外的主要金融中心，人民幣現代化支付體系建設取得重大進展。同時，我國在統計管理等方面積極與國際接軌，採納IMF資料公佈特殊標準（SDDS），加入IMF協調證券投資調查（CPIS）、BIS國際銀行統計（IBS）以及外匯儲備幣種構成調查，全面實施《國際收支（第六版）》（BPM6）標準，完善統計方法、申報和核查制度，提升經濟金融統計的標準性與透明性。此外，金融市場指數體系更加豐富，CFETS人民幣匯率指數、中國銀行境內外債券投融資比較指數與人民幣債券交易指數、瑞銀國際銀行需求指數、星展人民幣動力指數等紛紛推出，都為全球投資者了解、使用人民幣提供了有益參考。

第四，「一帶一路」戰略有序推進，中歐經濟金融合作掀起熱潮。一方面，「一帶一路」戰略啟動以來，我國先後與31個國家和地區簽署一系列合作協議與諒解備忘錄，大批重點建設專案落地，區域經貿交流加深，亞投行成立運營，為沿線人民幣聯通使用構築了堅實載體。2015年，中國與澳洲、韓國自貿協議正式實施，與10餘個國家簽署國際產能合作協議，先後和蘇利南、亞美尼亞、南非、智利、塔吉克斯坦五國貨幣當局簽訂貨幣互換協議，國內自貿區、金融試驗區加快建設，進一步夯實人民幣支付結算與投融資功能。另一方面，時值建交40周年之際，中歐金融合作大步前進。歐盟已成為中國第一大交易夥伴、第一大技術引進來源地和重要的投資合作夥伴，2015年中歐商業合作達1 692億美元，中歐領導人互訪、經濟財金對話，進一步支援歐洲離岸人民

幣市場建設，並在市場准入、跨境監管、投資平臺、配套設施等方面加深合作。同時，人民幣逐漸叩開中東歐大門，11月第四次中國—中東歐國家領導人會晤，宣導設立16＋1金融公司，探討創建人民幣中東歐合作基金的可能性，支援中東歐國家建立人民幣清算機制，為中東歐離岸人民幣市場提供了優良的外部政策環境。

第五，在金融市場動盪、美元大幅走強背景下，大宗商品領域人民幣計價使用程度增強。國際油價持續低迷，石油美元收緊，中東地區人民幣使用水準逆勢上升。2015年，卡達人民幣清算中心成立，中國與阿聯酋央行簽署合作備忘錄，人民幣成為阿聯酋、卡達對中國內地和香港地區支付的常用貨幣，支付占比分別達74%與60%，同比激增52%與247%。塞爾維亞啟動人民幣項目；俄羅斯對人民幣接納度不斷提高，人民幣成為僅次於美元、歐元受客戶歡迎的第三大貨幣，莫斯科交易所也推出了人民幣兌盧布期貨交易。倫敦金屬交易所接受人民幣作為質押貨幣，7月中國（上海）自貿區跨境人民幣大宗商品現貨交易啟動，人民幣在大宗商品領域的計價功能大幅增強。

1.1.3 人民幣國際化面臨的主要挑戰

2015年，RII增速明顯放緩，離岸人民幣存款、金融產品發行規模略有回落。短期內，人民幣國際化受到一定阻力，面臨以下三大挑戰：

第一，人民幣匯率階段性貶值，影響國際持有與使用信心。伴隨美國收緊貨幣政策，「8·11」新匯改以來，人民幣匯率改變單邊升值走勢，出現階段性貶值壓力，全年對美元貶值4.5%，資本外流、海外做空進一步加劇匯率波動，致使人民幣國際化、資本帳戶開放進程等受到一定的衝擊。居民調整資產負債安排，提前償還美元債務，非居民減持境內人民幣資產，離岸人民幣存款、人民幣債券發行規模都出現不同程度的萎縮。2015年，香港人民幣存款縮減至8 511.1億元，同比下降15.2%；香港點心債發行量減少至1 265.08億元，同比降低42.8%。匯率波動加劇對人民幣支付結算、投融資功能產生負面影響，境內外利率倒掛則進一步抑制了海外人民幣使用。外匯市場及產品體系、市場

主體匯率風險管理意識、貨幣當局金融管理能力與工具箱均存在完善與提升的空間。

第二，中國經濟下行風險增大，國際看空輿論進一步施壓。2015年，我國結構性改革艱難推進，去產能、去槓桿、去庫存壓力增大，經濟下行風險突出，全年GDP增長6.9%，較上年回落0.4個百分點，創近25年來新低。新舊動能處於轉換之中，金融風險加速釋放，傳統銀行不良貸款、國內債務問題、互聯網金融、股市動盪、資本外流等多點爆發，貿易與投資相對低迷。人口老齡化、金融資產投資效益波動增大、供求的結構性矛盾突出以及全要素生產力增速的下降，影響經濟持續活力，對人民幣國際化進程產生負面作用。與此同時，國際形勢複雜嚴峻，各類摩擦增多，海外看空中國輿論再度高企，將經濟金融動盪、貨幣戰等歸因於中國，甚至誇張歪曲中國匯率、債務等問題，誤導市場預期與資本流向，降低人民幣資產吸引力。

第三，美元走強收復失地，人民幣國際化阻力增大。國際貨幣體系再平衡是一個反覆博弈的過程，一種貨幣國際地位的上升，通常伴隨著另一種貨幣地位的下降。2008年金融危機以來，美元走弱為人民幣國際化推進創造了時間視窗；2015年，美聯儲收緊貨幣政策、啟動加息進程，美元強勢回歸，攪動國際市場，指引全球資產配置和資本流動。2015年，新興市場貨幣形成1997年以來最長貶值週期，投資者避險情緒高漲，資金淨流出達7 350億美元。作為新興市場貨幣代表，人民幣國際化環境更加複雜嚴峻，使用信心有所下降。在支付結算、投融資、外匯交易以及國際儲備等諸多方面，美元份額顯著收復提升，對人民幣國際功能拓展形成一定的挑戰。

人民幣匯率中間價形成機制改革的重要意義

　　2015年8月11日，中國人民銀行調整人民幣兌美元匯率中間價報價機制，並在隨後三個交易日內完成了中間價與市場匯率的點差校正。新匯改規定，做市商在每日銀行間外匯市場開盤前，參考上一日銀行間外匯市場收盤匯率，綜合考慮外匯供求情況以及國際主要貨幣匯率變化向中國外匯交易中心提供中間價報價。與原有中間價形成機制相比，新匯改強調參照上一日收盤價和外匯市場供求關係，有利於改善中間價與市場匯率偏離、在岸價格與離岸價格偏離、人民幣兌美元匯率與人民幣有效匯率偏離的現狀，增強了人民幣匯率中間價形成的透明性與市場化程度，提高了其作為市場基準的參考性。

　　從市場反應來看，在一次性點差校正的情況下，人民幣貶值趨勢被確認，強化了市場對人民幣的貶值預期，引發了預期自我實現，人民幣匯率下行壓力增大，對全球宏觀經濟、資本流動等造成了一定程度的衝擊。然而，此次人民幣貶值在某種程度上是對人民幣匯率的修正，是匯率制度完善過程中的階段性表現。長期來看，人民幣仍將是強勢貨幣，不存在持續貶值基礎；短期內人民幣匯率存在下行壓力，可能出現階段性貶值。人民幣匯率報價新機制將調整一些經濟金融環節的不平衡問題，引發一些波動，但總體在可承受範圍內，經過短暫磨合期後，人民幣匯率將逐步恢復常態。

　　人民幣匯率報價機制調整對於人民幣國際化具有積極意義。本次人民幣匯率報價機制調整是人民幣匯率市場化的關鍵一步，市場決定匯率，央行退出常態式干預。一方面，該機制有利於匯率真實反映市場供求，消除長期發展中積累的問題，收窄交易價與中間價，完善人民幣國

際化基本制度建設。另一方面，該調整有助於收窄在岸與離岸人民幣匯差，減少資金的扭曲錯配和異常套匯行為，推進人民幣離岸市場健康發展。離岸匯價向在岸價格靠攏，進一步強化中國人民幣定價權，保證國家金融安全。同時，人民幣正處於SDR定值審查關鍵期，完善的匯率機制是人民幣進入SDR貨幣籃子的重要條件。本次報價機制調整使得人民幣匯率變化更加市場化並且符合國際慣例，長遠有利於獲得更多市場認可，增強市場持有人民幣的信心。

1.2 人民幣國際化指數變動的結構分析

根據人民幣國際化指數的計算方法，人民幣在貿易結算、金融計價和國際外匯儲備中所占比例變化均會對RII指標產生影響。在人民幣國際化的起步階段，主要表現為人民幣貿易結算推動RII上漲，伴隨著人民幣國際化進程的推進，RII的驅動模式已經轉變為貿易計價結算和金融交易計價結算並行驅動。2015年，RII雖有波動，但仍呈現上升態勢，人民幣金融交易計價結算對RII增長的貢獻超過貿易結算，成為影響RII變動最重要的因素，同時人民幣外匯儲備指標占比增長放緩。貿易計價結算和金融交易計價結算仍然是推動RII增長的兩大動力，人民幣外匯儲備的影響還有待提升，人民幣成為國際儲備貨幣仍任重道遠。

1.2.1 人民幣國際貿易計價結算功能進一步夯實

跨境貿易人民幣結算，既是人民幣國際化的起點，也是人民幣國際化的基石。2015年，跨境人民幣收付金額合計12.1萬億元，同比增長22%。其中，實收6.19萬億元，實付5.91萬億元，受匯率變動、套利反轉等影響，人民幣收付比基本持平至1：0.96，較上一年1：1.4出現逆轉。全年經常項下跨境人民幣收付規模7.23萬億元。其中，貨物貿易收付金額6.39萬億元，同比增長8.31%；服

務貿易及其他經常項下收付金額8 432.2億元，同比增長29.73%。2015年末，跨境貿易人民幣結算規模全球占比上升至3.38%，同比增長110.4%，相較於2010年末水準提高近五倍（見圖1—3）。

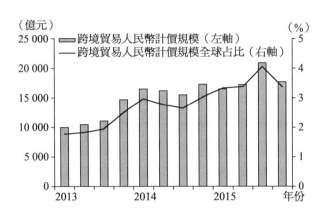

圖1—3　跨境貿易人民幣計價結算功能

　　綜合看來，跨境貿易人民幣結算規模不斷上升，主要動力如下：

　　一方面，我國貿易表現相對較好，區域貿易合作進程加快，自貿區戰略不斷推進落實。2015年，受全球貿易需求低迷、初級商品價格下跌等多種因素疊加影響，我國進出口39 586億美元，同比下降8%，總體好於全球其他主要經濟體，在國際市場份額不降反增，外貿的品質效益提高。近年來，我國與東盟、新加坡、巴基斯坦、紐西蘭、智利、祕魯、哥斯大黎加、冰島、瑞士等先後簽署自貿協議，2015年12月20日《中國—澳洲自貿協議》、《中國—大韓民國自貿協議》也正式實施，區域經貿合作涉及22個經濟體，遍及亞洲、拉美、大洋洲、歐洲等地區，為我國貿易規模增長、結構改善創造良好環境。同時，進一步優化自由貿易區建設佈局和發展水準，推動「一帶一路」戰略落實，加強「頂層設計」與區域經貿往來，人民幣在跨境貿易結算中的接受程度日漸提升。

　　另一方面，人民幣跨境貿易結算及相關服務更加便利、高效。中國（上海）自由貿易帳戶體系進一步打通了自貿區與離岸市場之間的通道，為企業涉

足海外市場、滿足實體經濟所需的貿易結算和跨境投融資匯兌便利提供了更有效的方式。2015年10月，人民幣跨境支付系統（CIPS）一期成功上線，便利跨境人民幣業務處理，支持跨境貨物貿易和服務貿易結算、跨境直接投資、跨境融資和跨境個人匯款等業務。此外，人民幣金融交易功能的強化，也間接促進跨境貿易中人民幣使用水準，實現貿易、實業投資與金融投資的正向循環。

1.2.2　人民幣國際金融計價結算功能大幅拓展

人民幣國際金融計價結算功能大幅拓展，在國際信貸、直接投資以及國際債券和票據交易中，人民幣使用規模繼續擴大，保持較高增長態勢。截至2015年年末，人民幣國際金融交易計價結算綜合占比達5.9%，同比增長107.3%，較2010年末攀升近50倍（見圖1—4）。綜合來看，人民幣直接投資是助推國際金融計價結算綜合指標上升的最主要動力。

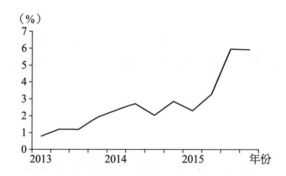

圖1—4　人民幣國際金融計價結算綜合指標

注：人民幣國際金融計價結算綜合指標由全球對外信貸總額中人民幣信貸比重、全球國際債券和票據發行額、餘額中人民幣債券和票據比重，以及全球直接投資中人民幣直接投資比重構成。

1. 人民幣國際信貸

2015年，人民幣國際信貸規模總體穩定。截至2015年第二季度，人民幣國際信貸全球占比達0.66%，較2010年提升近五倍；第三、四季度雖有所回落，但仍處於歷史高位（見圖1—5）。人民幣國際信貸規模變動主要受離岸人民幣信貸

存量和人民幣跨境貸款試點範圍兩方面因素影響。一方面，據不完全統計，截至2015年12月末，香港、臺灣、澳門、新加坡及韓國五個地區離岸人民幣存款規模總計14 971億元。其中，香港人民幣存款（不包括存款證）規模8 511億元，同比下降15.2%；臺灣銀行業人民幣存款規模3 195億元，同比增長5.7%；韓國人民幣存款規模46.8億元，11月末澳門地區人民幣存款規模710億元，9月末新加坡人民幣存款規模2 250億元。受匯率波動等因素影響，離岸人民幣存量出現一定程度的萎縮，但海外人民幣資金分佈範圍更加廣泛，產品及市場呈現多元化發展態勢。另一方面，人民幣跨境貸款試點範圍進一步擴大：7月南沙橫琴自貿新區跨境人民幣貸款試點啟動，促進內地與港澳跨境投融資便利化；泉州金改區、廈門啟動跨境人民幣貸款試點，促進大陸對台人民幣貸款業務，擴大臺灣地區人民幣投資和回流管道，推動人民幣離岸市場建立發展。

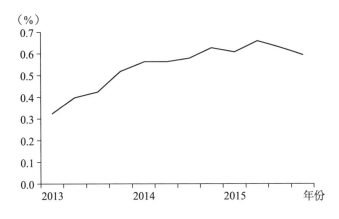

圖1—5　人民幣國際信貸全球占比情況

2. 人民幣直接投資

人民幣直接投資由人民幣對外直接投資和人民幣外商直接投資兩部分構成。隨著「走出去」戰略和國際產能合作的深化，人民幣直接投資規模保持高速增長。2015年銀行累計辦理人民幣跨境直接投資結算業務2.32萬億元，同比增長121.6%；2015年末人民幣直接投資規模全球占比達16.56%（見圖1—6）。

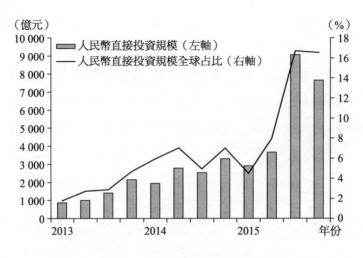

圖1—6　人民幣直接投資全球占比

　　儘管2015年我國經濟下行風險加大，但GDP增速、資產收益率等仍位於世界前列，吸引外資魅力不減。一方面，伴隨外商投資限制類專案放寬、外資落地審批核准制向備案制轉變以及自貿區戰略的深入推進，2015年我國外商直接投資仍實現了6.4%的增長，實際使用外商直接投資規模達1 262億美元。其中，人民幣FDI規模15 871億元，同比增長84.1%，2011年以來人民幣FDI累計達32 758億元。另一方面，我國對外直接投資步伐快速前進，「一帶一路」戰略實施進一步加強了沿線國家的相互投資和貿易往來，為對外直接投資提供了便利。同時，中國國內經濟轉型推動中資企業「走出去」，在國際經濟低迷視窗下，企業海外併購掀起熱潮。據初步統計，2015年中國企業共實施海外併購593項，累計交易金額401億美元，幾乎涉及國民經濟的所有行業。全年境內投資者非金融類對外直接投資1 180.2億美元，同比增長14.7%。其中，人民幣對外直接投資（overseas direct investment, ODI）規模達7 362億元，同比增長294.6%，2011年以來人民幣ODI累計達10 683億元。中國「十三五」規劃進一步明確強調，支援企業擴大對外投資，推動裝備、技術、標準、服務「走出去」，深度融入全球產業鏈、價值鏈、物流鏈，建設一批大宗商品境外生產基地，培育一批跨國企業。未來，中國將進入對外投資新時代，也將為人民幣直

接投資增長提供持久動能。

3. 人民幣國際債券和票據

債券市場是國際金融市場的重要組成部分，國際債券市場的比重份額是衡量一國貨幣國際使用程度的重要指標之一。2015年，人民幣國際債券與票據餘額為1 247.9億美元，同比增長30.8%，全球占比從2010年末的0.08%增長至0.59%左右（見圖1—7）。雖然國際債券市場中人民幣使用規模快速提升，但全球份額仍舊較低，影響力有限。

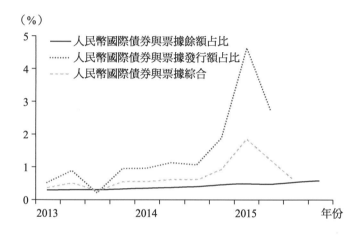

圖1—7　人民幣國際債券與票據綜合指標

2015年，人民幣國際債券與票據發行規模快速上升主要基於以下三方面：

第一，境內外利差變化驅使市場主體自主選擇，在岸、離岸人民幣債券市場互補發展。前期，中國境內利率水準普遍高於境外，眾多機構選擇境外融資降低資金成本，極大地推動了點心債等離岸人民幣債券市場發展；隨後，中國央行數輪降息降準，美元進入加息軌道，境內外利差縮小甚至出現收益率倒掛，熊貓債受到市場熱捧，發行量爆發。整體上看，在岸與離岸人民幣債券市場相互補充、起伏變化，對實體經濟發展、人民幣投融資功能強化都具有積極意義。隨著中國經濟發展和人民幣國際化推進，人民幣國際債券發行總量呈上升態勢，長期增長潛力巨大。

第二，人民幣債券基礎設施及相關指標逐步完善。隨著人民幣國際債券市場發展，相關設施指標日趨完善。2015年，韓國啟動人民幣債券即時清算系統，臺灣開始公佈寶島債券收益率曲線等，對於推動韓國、臺灣地區離岸人民幣市場的建設具有積極意義。中國銀行境內外投融資比較指數、人民幣債券交易指數等市場指數也相繼設立發佈，有效反映離岸、在岸人民幣債券市場收益率差異及其變動情況，為市場主體融資選擇提供量化參考。

第三，人民幣債券發行限制放寬，市場開放度進一步提高。2015年，一方面，我國進一步放開市場准入限制：4月，滙豐、摩根士丹利和法國巴黎銀行等30餘家境外金融機構獲准進入銀行間市場，截至2015年年末，已有292家境外央行主權財務基金等境外機構進入銀行間市場；6月，中國人民銀行批准境外人民幣業務清算行、境外參加銀行開展銀行間債券市場債券回購交易，在一定程度上打通了人民幣在岸和離岸市場，吸引境外機構進入國內債券市場，擴大其債券投資和流動性管理需求。另一方面，在政策管理上進一步放鬆：9月取消企業發行外債的額度審批，採用備案登記制管理，實現對借用外債規模的宏觀監管，助推人民幣國際債券規模增長。

専欄1—2

CIPS正式啟動：跨境人民幣交易更加安全和便捷

2015年10月8日，中國人民銀行組織開發的人民幣跨境支付系統CIPS一期正式上線，成為我國現代化支付體系國際支付體系發展的重要里程碑，為人民幣國際化進程奠定了堅固的基石。首批直接參與機構共有包括工商銀行、農業銀行、中國銀行、建設銀行、交通銀行等在內的19家境內中、外資銀行，位於全球各地的176家境內外銀行作為間接參與者同步運行該系統。上線首日，僅45分鐘內便有336筆業務共計6.76

億元資金通過該系統完成結算。

　　近年來，我國進出口貿易不斷發展，資本帳戶開放進程帶來的國際資本流動更加頻繁，人民幣國際地位顯著提高，多種因素作用下人民幣跨境支付結算的需求日益擴大。人民幣跨境和離岸清算結算使用的原有中國現代化支付系統（CNAPS）具有審查效率低、標準不統一、執行時間覆蓋不全、系統安全性較低等問題，難以應對日益增長的人民幣跨境支付結算需求。在此背景下，CIPS應運而生。目前運行的CIPS（一期）採用即時全額結算方式和直接、間接參與者由上至下的金字塔式管理結構，為客戶和金融機構提供跨境貨物服務貿易、跨境投融資、跨境個人匯款等業務的清算、結算服務。跨境銀行間支付清算（上海）有限責任公司負責CIPS（一期）的系統運營、參與者服務、業務拓展等工作，於法定工作日的9：0020：00進行日間業務處理。直接參與者採用其作為系統內唯一標識的行號，通過在CIPS開立的帳戶進行直接業務；間接參與者可通過多個直接參與者間接進行人民幣跨境支付結算業務。中國人民銀行和運營機構負責制定相關制度（《人民幣跨境支付系統業務暫行規則》、《人民幣跨境支付系統參與者服務協議》、《人民幣跨境支付系統業務操作指引》、《人民幣跨境支付系統運行規則》以及《人民幣跨境支付系統技術規範》），對CIPS進行監督和管理。據中國人民銀行計畫，CIPS將在未來推出二期系統，採用更為節約流動性的混合結算方式和直通式處理，進一步提高業務效率，同時擴大直接間接參與者規模，以增強業務便捷性。

　　作為人民幣跨境支付基礎設施，CIPS的直接意義在於完善了現有的人民幣跨境清算結算模式，通過金字塔式參與者結構擴大服務覆蓋範圍、完善中文處理標準，加快電文轉換效率，覆蓋全球更多時區，整合資源提高效率。從更深層次來說，由我國央行主導成立的CIPS能夠有效避免對SWIFT系統的過度依賴，提高人民幣跨境清算的安全性，保證國家金融安全，為人民幣國際化進程鋪路搭橋。

1.2.3 人民幣外匯儲備職能深度強化

隨著中國經濟實力的增強和國際地位的提升，人民幣作為儲備貨幣在國際上獲得認可的範圍隨之擴大。2015年，中國人民銀行先後同蘇利南、亞美尼亞、南非、智利、塔吉克斯坦五國貨幣當局首次簽訂貨幣互換協議，與澳洲、馬來西亞、白俄羅斯、烏克蘭、英格蘭、土耳其、阿聯酋七國央行續簽貨幣互換協議。截至2015年年末，中國人民銀行已經與33個國家和地區貨幣當局簽署了貨幣互換協議3.28萬億元，補充了現有貨幣體系缺陷，為全球特別是新興經濟體提供緩衝保障，進一步增強了市場對人民幣流動性的信心。據國際貨幣基金組織（IMF）統計，2010—2014年，人民幣外匯儲備占全球外匯儲備的比重為1.1%，雖然與美元65.3%的比例存在較大差距，但人民幣儲備貨幣地位正在快速提升。2015年11月30日，人民幣通過IMF執董會審議，加入SDR貨幣籃子，成為除美元、歐元、英鎊、日圓之外的第五種貨幣，占比10.92%，僅次於美元和歐元。人民幣加入SDR，標誌著人民幣邁入國際貨幣行列，是IMF對人民幣的國際背書，極大地提振了市場信心，助力人民幣成為全球央行外匯儲備貨幣的重要選項之一。人民幣獲得越來越多的國家認可，11月，加拿大大不列顛哥倫比亞省在中國銀行間債券市場首次註冊發行熊貓債60億元，為首單外國政府在中國發行的熊貓債；12月，韓國政府獲得30億元熊貓債發行資格；俄羅斯等國家和地區表示正在考慮將人民幣納入其儲備貨幣。

1.3 主要貨幣的國際化指數比較

國際貨幣多元化是一個動態發展過程，國際貿易格局、國際金融市場的變化都會導致國際貨幣格局發生相應的調整，表現為一些貨幣的國際使用程度上升，另一些貨幣的國際使用程度下降。為了客觀評估國際貨幣格局的發展變化，動態反映人民幣與主要貨幣國際化水準之間的差距，本報告還用與編制RII同樣的方法，編制了美元、歐元、日圓、英鎊的國際化指數（見表1—1和

圖1—8）。2015年，美國經濟保持強勁復甦勢頭，美聯儲啟動加息進程，美元大幅走強，推動美元國際化指數由上年的54.17上升到54.97，美元國際貨幣地位再度回升。歐元區溫和復甦，但是各成員國經濟表現參差不齊，希臘問題、難民危機等為歐洲前景帶來嚴峻挑戰，歐元持續貶值，挫傷歐元的國際信心，歐元國際化指數繼續下滑至23.71，而且短期內難有起色。全球經濟低迷、需求不足，致使日本經濟略顯疲軟，但日圓避險貨幣特徵進一步強化，日圓國際化指數總體穩定至4.29。英國經濟表現好於預期，貿易與投資增長較快，但是伴隨「退歐公投」的臨近，英國政治與經濟形勢越發不明朗，英鎊匯率持續走低，英鎊國際化指數由年初的4.79降至4.53。

表1—1　世界主要貨幣的國際化指數

	2014Q1	2014Q2	2014Q3	2014Q4	2015Q1	2015Q2	2015Q3	2015Q4
美元	53.58	53.47	54.78	54.17	55.66	55.91	54.56	54.97
歐元	26.57	25.00	24.30	24.69	24.09	22.39	24.68	23.71
日圓	4.44	4.40	4.11	4.33	4.12	4.08	4.10	4.29
英鎊	5.58	4.56	4.54	4.25	4.79	4.74	4.83	4.53
總計	90.17	87.44	87.74	87.44	88.66	87.12	88.17	87.49

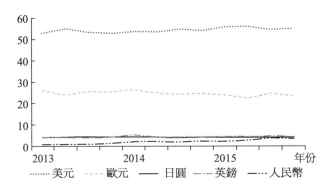

圖1—8　世界主要貨幣國際化指數變化趨勢

1.3.1 美元國際化指數變動分析

2015年美國經濟溫和擴張，GDP增長率為2.4%，就業市場持續復甦，失業率從年初的5.7%降至5%，創七年半以來歷史低位，通脹率上升前景也較為樂觀。2015年12月16日，美聯儲上調基準利率0.25%，正式開啟加息進程，量化寬鬆貨幣政策落下帷幕。美國主導的「跨太平洋戰略經濟夥伴協議」（TPP）在2015年10月最終達成，美國、日本、澳洲等12個國家參與其中，成員國經濟規模占全球經濟總量的40%，也為美國貿易和經濟後續增長提供了極大的信心。然而，美國經濟前景並非一帆風順，12月製造業活動指數降至48，製造業疲軟態勢給經濟復甦增添了隱患；美聯儲加息、美元走強加劇了全球經濟金融波動，進而產生了「回溢效應」，拖累了美國經濟前景。

在美國經濟復甦的支撐下，2015年全球市場持續消化美元加息預期，導致美元大幅走強。美元指數由年初的90.3一度上漲至100.47，全球資金加速回流美國市場，美元成為全球表現最好的貨幣。2015年第二季度，美元計價國際債券與票據餘額全球占比高達43.73%，官方外匯儲備中美元份額也大幅攀升至63.38%。2015年美元國際化指數為54.97，同比增長1.47%，與2010年末的51.53相比增長了6.68%，美元頭號國際貨幣地位進一步夯實。

專欄1—3

美元加息攪動全球資本市場

自美聯儲2013年提出準備終結量化寬鬆（QE）以來，關於美元加息的預期就愈發強烈，尤其是2014年10月30日美聯儲宣佈退出QE後，不斷向市場傳遞加息計畫，以刺激國際流動資本重新流回美國，提升美國市場的投資活力和吸引力。2015年，隨著美國經濟的復甦和美元加息預期的不斷升溫，美元指數一路高歌猛進，並於2015年12月2日衝擊到

近12年最高點位100.412。各方對於美聯儲的貨幣政策傾向給予高度關注，對於美元加息的判斷眾說紛紜，導致較大幅度的市場波動。全球商品市場和金融市場跌宕起伏，大宗商品價格、主要國家股市、國際貨幣匯率均出現不同程度的震盪。

最終，美聯儲於2015年12月16日宣佈將聯邦基金利率上調0.25%，並聲稱低利率水準仍將長期維持，根據今後經濟資料表現決定加息進程。此次美元加息是近10年來美國首次上調聯邦基準利率，打破了官方利率在零水準徘徊84個月的局面。美元加息決議公佈後，美元指數短線上漲至99.289 8。雖然全球金融市場早已預期到這一事件並預支了加息預期，當前主要發達國家的股市、債市、匯市都沒有很大波動，但新興市場則反應劇烈，阿根廷比索應聲貶值超30%，俄羅斯盧布、巴西雷亞爾、南非蘭特出現不同程度的下跌，甚至人民幣匯率也出現「十連跌」的情況。

短期來看，美元加息會直接導致曾因美國量化寬鬆而湧出的資金回流美國，對全球貨幣政策都有收緊的壓力，並通過資本流動、匯率、貿易三個管道對世界主要經濟體產生一定負面影響。首先，貨幣與美元掛鉤的經濟體會自動調升利率，如香港。其次，受大宗商品價格下跌影響的經濟體，如阿根廷、巴西、俄羅斯、南非等，以及負債率較高、國際收支逆差的經濟體，如一些南歐國家，不得不採取提高利率、貨幣貶值或者進行資本管制等措施進行應對，而這又將進一步打擊實體經濟信心和活力。最後，歐盟、日本等仍處於經濟低谷的發達經濟體的貨幣寬鬆空間也受到限制，進一步的寬鬆政策將有可能使更多資金為追求相對高收益流向美國，從而削弱寬鬆的效果。

美元加息的影響將隨著時間的推進逐漸衰減。長期來看，如果美國經濟在加息進程中得到進一步復甦，將通過貿易管道對中國、歐盟、日本、韓國、墨西哥和東盟各國等美國主要交易夥伴的經濟形勢產生積極影響，並對大宗商品的價格形成支撐，進一步提振俄羅斯、南美、中

東、非洲等地區經濟。如果美國經濟受到加息壓制，則加息進程會放慢甚至逆轉。

1.3.2 歐元國際化指數變動分析

2015年歐洲經濟出現復甦跡象，通脹率有所回溫，全年歐元區GDP增長率為1.6%。然而，歐元區經濟復甦的基礎較為脆弱，各成員國狀況參差不齊，仍有諸多不明朗因素，尤其是難民危機給歐洲經濟社會帶來較大困擾。大量難民湧入加重了各國政府財政負擔，也給歐洲安全局勢和社會秩序帶來隱患，削弱了歐元區經濟復甦的基礎。歐央行繼續推行量化寬鬆貨幣政策，歐元持續貶值。近期，英國「脫歐」風險上升，一旦英國「脫歐」將會給歐盟近年來不斷遭受經濟和政治危機挑戰的尷尬局面火上澆油，進而產生連鎖反應，導致歐元和歐元區金融市場前途黯淡，引發投資者暫離觀望，扼殺歐洲經濟復甦動力。

歐洲經濟復甦的脆弱性與持續的量化寬鬆貨幣政策同時發力，使得歐元一路探底，跌至金融危機爆發以來的歷史低位，引發國際資本大規模撤離。在歐元占據傳統優勢的國際債券市場，2015年第四季度歐元國際債券與票據餘額占比降至38.48%，同比下降7.21%；同期官方外匯儲備中歐元持有比例也降至19.91%；跨境貿易歐元結算占比呈緩慢下降趨勢。2015年第四季度，歐元國際化指數為23.71，與2010年末的27.71相比下降14.43%，歐元國際地位嚴重受挫。

專欄1—4

歐洲難民危機對歐洲經濟復甦的影響

近年來，西亞北非地區局勢震盪，並持續惡化，各宗教派別與部族內部衝突不斷發酵，極端恐怖組織趁機渾水摸魚，頻繁製造恐怖事件，導致該地區人民流離失所無家可歸，湧現大規模難民潮。由於歐洲對移

民的開放政策和臨近歐洲的地緣關係，越來越多的難民通過地中海和陸路湧入歐洲。根據聯合國難民署最新資料，截至2015年12月29日，通過地中海和陸路前往歐洲國家尋求避難的難民數量突破100萬人，遠超2014年的21.9萬人，歐洲難民問題愈發嚴重。數以百萬計的難民成群結隊不斷衝擊歐洲國家脆弱的邊境線，有些國家已經無法有效控制邊境線，而西亞北非地區緊張局勢在短期內尚無緩和跡象，今後一段時間內湧入歐洲的難民數量還將持續增長，歐盟預計到2016年年底，湧入歐洲的難民將突破300萬。難民危機給歐洲經濟復甦帶來諸多不確定性因素，歐洲各國經濟社會發展面臨較大考驗。

一方面，對於復甦依然乏力的歐洲，難民危機無疑會給其經濟帶來巨大壓力。難民的大量湧入將增加歐洲國家的財政負擔，對歐洲國家的公共財政產生不利影響：歐盟計畫近兩年花費92億歐元用於應對難民危機，但仍被認為難以應對歐洲大陸面臨的困境。據機構測算，德國政府的難民總成本可能接近210億歐元，相當於其GDP的近0.7%，希臘的難民成本可能達到40億歐元，相當於其GDP的2%。同時，難民危機的發酵會進一步加劇歐洲社會的不安全性，進而影響歐洲的投資環境，這對急需外部投資振興地區經濟的歐洲來說，顯然不是一個好消息。並且，新進難民有可能會擠占原本緊張的就業崗位，導致就業問題惡化，侵害本國居民的社會公共福利。人口激增伴隨經濟疲軟不振，是非常危險的組合，持續發酵的歐洲難民危機不僅在一定程度上打擊了歐元區經濟復甦，也對地區安全形勢、社會穩定等帶來挑戰，導致投資者對歐元區經濟環境產生恐慌心理，衝擊歐洲國際經貿往來，加大歐元下行壓力，削弱歐元國際地位，如果處理不當還可能激化各成員國之間的矛盾，甚至造成一定的分裂。

另一方面，難民的到來給歐洲經濟帶來的正面效應也不容忽視。研究顯示，由於政府在難民事務上的財政開支能夠刺激國內需求，難民的

到來對歐盟國家經濟發展有小幅提振作用，2017年國內生產總值有望增加0.1%，接收難民較多的奧地利（＋0.5%）、瑞典（＋0.4%）和德國（＋0.3%）受益會更多。同時，本地人和難民從事於不同就業領域，因此並不會產生較大的競爭和衝突。國際貨幣基金組織近期的一項研究表明，難民危機對歐洲經濟發展、就業市場和國家財政的影響有限，難民流入對歐洲中長期經濟發展的影響取決於難民能否迅速融入就業市場。因此，建議各國採取一系列融入支持措施，包括為工資成本提供補助、暫時降低最低工資標準、為個體戶減負、放寬人口流動限制、提供住房和教育方面的支持等。

1.3.3　日圓國際化指數變動分析

受消費疲軟及全球經濟放緩帶來的外需下降等因素影響，2015年日本經濟復甦乏力，出現反覆。受益於企業收益上升帶來的資本支出增加和住宅投資的成長，第一季度實際GDP環比增長率達到1%，呈現出溫和復甦的經濟態勢。但由於超出預期的資本支出下降，第二季度實際GDP環比下降0.3%，經濟向好態勢受阻。第三季度實際GDP環比增長0.3%，資本支出上調是其主要原因。第四季度日本GDP受需求疲軟因素拖累環比下降0.4%。2015年日本失業率圍繞3.3%上下波動，維持低位，就業形勢良好。由於原油價格走低導致的進口額減少和日圓貶值帶來的出口額增加，日本貿易收支逆差大幅收縮，由2014年的12.78萬億日圓下降至2.83萬億日圓，國際收支有所改善。但貿易赤字持續五年的狀況並未逆轉，並不樂觀的出口前景也引發了日本對外貿易能否持續好轉的質疑。

2015年日本央行維持寬鬆的貨幣政策，名義收益率被錨定的同時日本通脹預期增強，日圓實際收益率被壓縮，但在匯市劇烈波動的環境下日圓避險特徵凸顯，日圓表現總體較好。2015年第四季度，國際債券與票據餘額中日圓占比為1.91%，同比下降4.02；同期官方外匯儲備中日圓份額略有上漲，占比為4.08%。日圓國際化指數為4.29，同比略有下滑。

1.3.4 英鎊國際化指數變動分析

　　2015年英國經濟增長放緩，GDP增長2.2%，創近三年經濟增速最低水準。失業率持續降低，截至第四季度失業率降至5.1%，但薪資增長和失業金申請低於預期水準；2015年平均通脹率為0，英國放棄加息立場。全年英國貿易逆差創六年來新高，達到1 250.28億英鎊，對宏觀經濟增長產生了不利影響。英國經濟趨緩、「退歐」預期、推遲加息等因素，加劇了市場看空情緒與投資者憂慮，資本流動受到衝擊，英鎊下行趨勢明顯。然而，英國在主要發達經濟體中表現相對較好，優於預期，2015年第四季度，英鎊計價國際債券與票據餘額全球占比達9.55%，同比上漲了3.02%。2015年第四季度英鎊國際化指數為4.53，同比增長6.59%，英鎊的國際地位有所增強。

第二章

人民幣國際化現狀

2015年，人民幣國際化進程加速發展。跨境人民幣使用範圍與規模大幅增加，人民幣離岸市場蓬勃發展，國際金融合作不斷深化，人民幣匯率形成機制改革穩步推進。在經濟新常態下，結構調整與制度改革有序展開，資金價格的市場化改革為人民幣國際化進一步掃清了機制障礙。2015年11月30日，國際貨幣基金組織宣佈將人民幣納入特別提款權，開啟了人民幣國際化的新征程。

2.1 跨境貿易人民幣結算

1. 規模穩步擴大，結算占比小幅震盪

2015年，跨境貿易人民幣結算規模穩步擴大，全年跨境貿易人民幣結算業務累計發生7.23萬億元，較2014年增加6 800億元，增長10.38%。跨境貿易人民幣結算占中國進出口總額的29.36%，較2014年增加4.6%（見圖2—1）。

受全球經濟總體復甦乏力、中國經濟面臨下行壓力的影響，中國進出口自2009年以來首次出現雙降局面。儘管外部環境非常嚴峻，人民幣作為結算貨幣在2015年總體上依舊保持了增長態勢，具有增幅明顯放緩且結算占比全年震盪的特徵。跨境貿易人民幣結算規模全球占比從2014年第四季度的3.04%提升至2015年第四季度的3.38%，增速放緩到11.18%。

由於美元進入強勢週期，人民幣持續對美元的貶值，特別是在人民幣匯率制度改革之後，第三季度人民幣貿易結算規模大幅下降，在貿易總額中的占比下降了10個百分點。隨著第四季度進出口貿易額的擴大，人民幣匯率趨於穩定，人民幣結算占比迅速回升至9月份的水準。第三季度，人民幣結算的全球份額達到歷史最高水準，即4.06%。

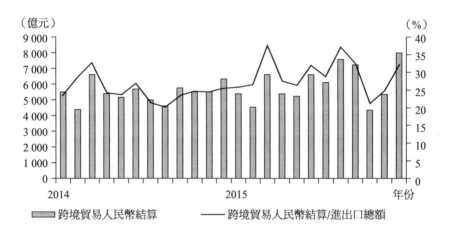

圖2—1　跨境貿易人民幣結算規模

資料來源：中國人民銀行、商務部。

2. 以貨物貿易結算為主，服務貿易結算規模小幅增長

　　從結構上看，貨物貿易是人民幣跨境結算的主流。2015年，以人民幣進行結算的跨境貨物貿易累計發生6.39萬億元，占跨境貿易人民幣結算的88.34%。以人民幣進行結算的服務貿易及其他經常專案累計發生8 432億元，占跨境貿易人民幣結算的11.66%。以人民幣結算的服務貿易小幅穩定增長，第四季度增幅較大。在全球經濟低迷的大環境下，2015年10—11月進出口總額顯著下滑，導致跨境貿易結算規模相應降低，在跨境貨物貿易減幅遠超服務貿易的情況下，服務貿易的人民幣結算占比小幅增加。12月，跨境貨物貿易和服務貿易額均有所回升（見圖2—2和圖2—3）。

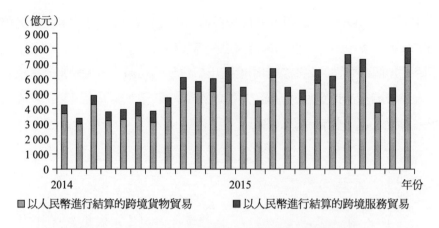

（億元）

■以人民幣進行結算的跨境貨物貿易　　■以人民幣進行結算的跨境服務貿易

圖2—2　以人民幣進行結算的貨物貿易和服務貿易規模

資料來源：中國人民銀行、商務部。

3. 收付關係首次逆轉，出口人民幣結算增長迅速

2015年末，跨境貿易人民幣結算業務實收6.19萬億元，較2014年增加3.46萬億元，增長126.74%；實付5.91萬億元，較2014年增加2.09萬億元，增長54.71%。結算收付比從2014年的1.4顯著下降到0.96，首次出現人民幣國際化以來跨境人民幣實收低於實付的局面，反映出國外企業對中國經濟和人民幣幣值的中長期穩定具有信心，人民幣國際化程度進一步加深（見圖2—4）。

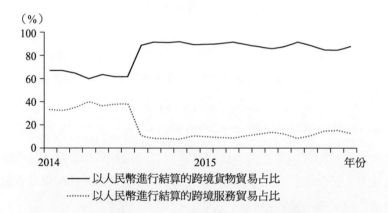

（%）

——以人民幣進行結算的跨境貨物貿易占比

‥‥‥‥以人民幣進行結算的跨境服務貿易占比

圖2—3　以人民幣進行結算的貨物貿易和服務貿易規模占比

資料來源：中國人民銀行、商務部。

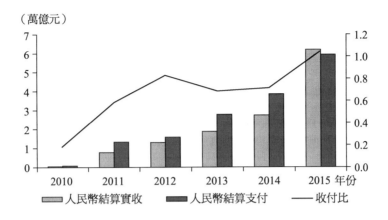

（萬億元）

圖2—4　跨境貿易人民幣結算收付比

資料來源：中國人民銀行。

圖例：人民幣結算實收　人民幣結算支付　收付比

「一帶一路」國家人民幣使用意願增強

　　貿易暢通是「一帶一路」倡議的主要目標之一。2015年，隨著中國與「一帶一路」沿線國家之間合作意向的不斷加深以及務實合作的不斷推進，「一帶一路」沿線國家對華貿易規模大幅提升。

　　據商務部統計，2015年中國與「一帶一路」沿線國家雙邊貿易總額為9 955億美元，占同期我國進出口總額的25.1%；對中國貿易依賴程度較高的國家包括蒙古、寮國、葉門共和國等。同時，為了促進貿易增長，2015年中國企業對「一帶一路」相關的49個國家進行了總計148.2億美元的直接投資，同比增長18.2%，投資主要流向新加坡、哈薩克、寮國等國家。

　　隨著「一帶一路」沿線國家對華貿易規模擴大，它們使用人民幣結算的意向更加強烈。根據2015年中國銀行進行的一項「一帶一路」沿線

國家企業使用人民幣意願的調查，73%的受訪企業認為人民幣將成為重要的國際貨幣，2014年只有64%的企業持這樣的觀點。44%的企業認為人民幣的國際地位將會接近美元和歐元，與2014年相比，提高了11個百分點。72%的受訪企業表示，在對華貿易中願意使用人民幣進行結算。

由於中國是「一帶一路」沿線大多數國家的最大交易夥伴，對沿線國家而言，加強與中國在貿易、投資等方面的經濟合作，可以引進中方資金與技術，獲得更大的貿易比較利益，提升收入水準。如果企業在對華貿易中更多地使用人民幣而非協力廠商貨幣進行結算，價格穩定就會幫助它們擴大對中國的出口份額，還可以規避使用協力廠商貨幣帶來的匯率風險損失，因此，越來越多的境外企業傾向於使用人民幣。

2.2 人民幣金融交易

2.2.1 人民幣直接投資

1. 人民幣境外直接投資

2015年，中國的境外投資規模和人民幣境外投資額顯著增加。據商務部統計，2015年中國境內投資者共對全球155個國家或地區的6 532家境外企業進行了直接投資，累計實現非金融類直接投資7 350.8億人民幣（折合1 180.2億美元），較2014年增長16.3%。其中，以人民幣結算的對外直接投資額7 362億元，較2014年增加5 496億元，增長294.53%。

中國經濟正在進行產業結構調整和供給側改革，需要合理配置國內外資源，國際產能合作力度不斷加大。2015年對外投資併購活動十分活躍，對外直接投資人民幣結算規模也刷新了歷史紀錄。如圖2—5所示，2015年以人民幣結算的對外直接投資規模及其占比總體上呈現倒V形：1—8月，人民幣對外直接投資規模與其占比緩慢向上攀升；8—9月，受到人民幣匯率中間價形成機制改革的影響，人民幣貶值幅度迅速擴大，許多企業加快了全球配置資產的步伐，

努力降低持有人民幣可能面臨的匯率風險，此舉導致人民幣對外直接投資從
851億元陡然升至2 078億元，達到人民幣國際化啟動以來的峰值，人民幣結算
的對外直接投資占比相應陡升。9月以後，人民幣貶值預期減弱，人民幣對外
直接投資額亦逐漸回落，加上中國對外投資開始回暖，使得人民幣結算占比減
速放緩。

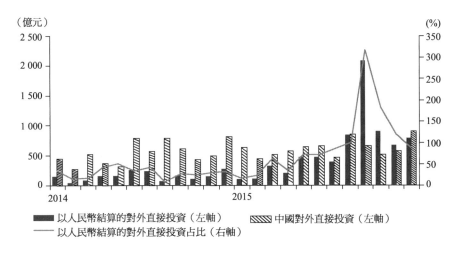

圖2—5　人民幣結算的對外直接投資占中國對外直接投資的比重

資料來源：中國人民銀行、商務部。

2. 人民幣外商直接投資

　　2015年，中國實際使用外商直接投資金額1 262.5億美元，較2014年增加
66.92億美元，增長幅度為5.6%。外商直接投資主要來源於香港、臺灣、新加
坡、日本等國家或地區，集中在製造業、房地產業、金融業和批發零售業。隨
著離岸人民幣市場的不斷完善和擴大，以人民幣結算的外商直接投資在2015年
顯著增加，累計達到15 871億元，較2014年增加7 251億元，增長84.11%（見
圖2—6）。受到8月份人民幣匯率形成機制改革的影響，外商為了規避匯率風
險，在直接投資中大量採用人民幣進行結算，使得9月份人民幣外商直接投資
額出現峰值。

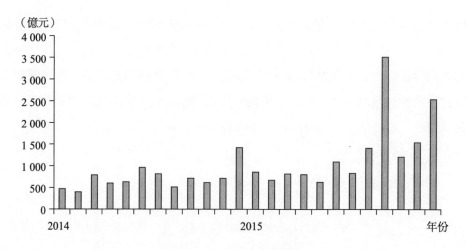

圖2—6　FDI人民幣結算業務

資料來源：中國人民銀行、商務部。

國際產能合作推動中國境外直接投資較快增長

　　在經濟全球化和市場競爭日趨激烈的國際形勢下，「一帶一路」沿線的許多發展中國家有發展經濟的迫切需求，但受限於本國落後的基礎設施和技術條件，不能如願以償。2015年3月中國政府發佈《推動共建絲綢之路經濟帶和21世紀海上絲綢之路的願景與行動》，提出與周邊國家全方位加強互聯互通合作的構想；同年5月，中國政府提出了《關於推進國際產能和裝備製造合作的指導意見》，將國際產能合作上升到國家戰略高度。

　　中國政府與沿線國家政府加強務實合作，設立產能合作基金，與巴西、祕魯等10多個國家共同制定了產能合作計畫。毫無疑問，「一帶一路」沿線國家是現階段中國進行國際產能合作的重點區域。據商務部

統計，2015年我國非金融類對外直接投資共計1 180.2億美元，同比增長14.7%。國際產能合作成績斐然。中國企業對包括新加坡、哈薩克、寮國、印尼、俄羅斯和泰國等「一帶一路」沿線49個國家進行了直接投資，投資額合計148.2億美元，同比增長18.2%；並與「一帶一路」相關的60個國家新簽對外承包工程項目合同3 987份，新簽合同額926.4億美元，占同期我國對外承包工程新簽合同額的44.1%，同比增長7.4%；完成營業額692.6億美元，占同期總額的45%，同比增長7.6%。

基於比較優勢和當地的市場需求開展國際產能合作，互利共贏、協同發展，有助於與中國合作的國家發展技術和改善營商環境，實現更快的經濟增長。

2.2.2 人民幣證券投資

1. 國際債券和票據市場

隨著人民幣國際化的推進和資本市場開放度提高，熊貓債市場迎來啟動10年以來的首個發行高潮。2015年，共有6家國內外機構在我國銀行間債券市場發行熊貓債券，發行總金額為155億元人民幣，創歷史新高。

2015年9月，中國政府發佈《關於推進企業發行外債備案登記制管理改革的通知》，放寬企業海外發債的條件，取消企業發行外債的額度審批，實行備案登記制管理。鼓勵企業在利率較低的境外市場融資，允許資金可以在境內外自由使用，支援重點領域和產業轉型升級。外債管理制度改革有利於提升離岸債券發行規模，拓寬資本專案的可兌換程度。

2015年，人民幣國際債券和票據存量穩步增長。截至2015年年末，人民幣國際債券和票據的存量為1 247.92億美元，較2014年末增長294.09億美元，同比增長30.8%。人民幣在國際債券和票據存量的占比上升至0.59%（見圖2—7）。國際債券是國際資本市場最重要的組成部分，人民幣國際債券和票據存量的穩步增長，意味著人民幣的金融交易功能正在逐步實現。

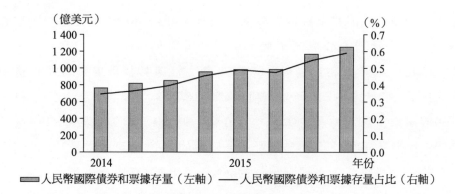

圖2—7　人民幣國際債券和票據存量及其占比

資料來源：國際清算銀行。

　　人民幣國際化進程自2009年開啟以來儘管取得了驚人的成就，但是在金融市場上仍然面臨慣性編織的強大網路效應的阻礙，與目前主流的國際貨幣相比還有相當大的差距。截至2015年年末，在全球國際債券和票據餘額中，美元占比為43.73%，歐元占比為38.48%，英鎊占比為9.55%，日圓占比為1.91%（見圖2—8）。人民幣國際化任重而道遠，需要不斷拓展與完善。

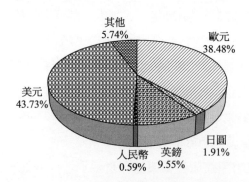

圖2—8　2015年末國際債券和票據存量幣種結構

資料來源：國際清算銀行。

　　離岸市場是人民幣國際債券發行的主要場所。2015年全球多個國際金融中心開展了離岸人民幣業務，離岸人民幣存款規模迅速擴大，為人民幣國際債

券的發行創造了良好的條件。除香港外，新加坡、倫敦、臺北、首爾、法蘭克福、盧森堡等地的人民幣離岸市場參與主體、產品更加多元化，市場規模明顯擴大。當然，香港仍然是最大的人民幣離岸市場，2015年，香港地區的人民幣債券存量由2014年底的3 860.87億元上升到3 971.16億元，增長了2.86%。其中變化最明顯的是金融債的存量，由2014年的1 112.27億元增加到2015年的1 203.24億元，市場份額提升了5個百分點（見表2—1）。

表2—1　2015年香港人民幣債券產品規模與結構

類別	存量總額（億元）	占比（%）	債券數（支）	占比（%）
企債	1 761.22	44.35	154	43.88
國債	934.00	23.52	37	10.55
金融債	1 203.24	30.30	152	43.31
可轉債	72.70	1.83	8	2.28
合計	3 971.16	100.00	351	100.00

資料來源：Wind資訊。

歐洲本地投資者點心債發行量占總體發行量的47%，來自美國、中國和其他地區的投資者分別占14%、5%和34%。在亞洲市場之外，盧森堡已經成為點心債發行的第一大離岸中心。2015年新發行點心債31筆，總規模為110億元人民幣。發行債券數量相比2014年上升34.78%。

2.股票市場

中國金融結構與經濟結構調整相適應，融資方式逐漸由間接融資向直接融資轉變，資本市場的融資功能有所增強。2015年末股票市價總值（A、B股）共計53.1萬億元，較2014年末增加15.9萬億元，增幅42.74%。2015年末股市流通市值為41.8萬億元，較2014年末增加10.2萬億元，增幅32.27%。股價總體水準的大幅上漲使得交易更加活躍，成交量屢創新高。2015年滬深兩市累計成交255.1萬億元，較2014年增加180.7萬億元，增幅242.87%。日均成交10 453.03億元，較2014年增加7 416.65億元，增幅244.26%（見圖2—9）。

2015年中國股票市場出現了非理性巨幅波動。高配資以及融資融券的不斷

擴大放大了槓桿，市場上彌漫的樂觀情緒助推了股市的上漲，2015年6月12日上證指數達到了5 178.19點的年內最高點。在證監會清理場外配資以及規範融資融券活動後，股市快速下跌，上證指數於2015年8月26日達到了年內的最低點2 850.71，短短兩個多月時間內下跌了44.9%，成交量大幅萎縮。

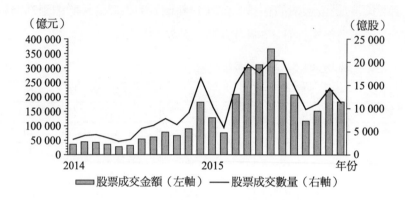

圖2—9 中國股票市場交易情況

資料來源：中國證券監督管理委員會。

2015年共有219家新公司上市，其中在上證主機板上市的公司有89家，在深證中小板上市的公司有44家，在創業板上市的公司有86家。新上市公司共通過股票市場融資1 766.91億元。已上市公司定向增發的金額也較2014年大幅增長，全年增發金額達到6 709.48億元，增幅達到66.43%（見表2—2）。資本市場的融資功能加強。

表2—2 中國股票市場籌資金額

時間	首次發行金額			再籌資金額					
	A股（億元）	B股（億美元）	H股（億美元）	A股（億元）				B股（億美元）	H股（億美元）
				公開增發	定向增發	配股	權證行權		
2013	0	0	113.17	80.42	2 246.59	475.75	0	0	59.51
2014	668.89	0	128.72	18.26	4 031.3	137.98	0	0	212.90
2015	1 766.91	0	236.19	0	6 709.48	42.33	0	0	227.12

資料來源：中國證券監督管理委員會。

2015年11月18日，由上海證券交易所、德意志交易所集團及中國金融期貨交易所分別按40%、40%和20%的比例合資成立的中歐國際交易所在法蘭克福開業，交易人民幣金融產品。產品包括以人民幣計價的以中國A股指數為基礎的ETF產品，以及中國銀行發行的人民幣金融債。已在德交所掛牌的12支中國市場相關ETF及180多支人民幣債券也轉移至中歐所的交易平臺。

專欄2─3

交通銀行的國際化戰略與海外業務拓展

一、交通銀行的國際化戰略

交通銀行成立於1908年，是最早嘗試國際化發展的國內商業銀行之一。早在創建之初，交通銀行就走出國門，1909年設立西貢代辦處、香港分號，1910年設立新加坡分號、仰光分行，1918年設立駐日經理處，1939年設立涼山通訊處、菲律賓分行，1941年設立加爾各答支行，各境外分支機構均在當地享有良好聲譽。

2009年，改組上市後的交通銀行確立了「走國際化、綜合化道路，建設以財富管理為特色的一流公眾持股銀行集團」的發展戰略（簡稱「兩化一行」戰略），不斷完善海外業務管理體系，持續增強跨境金融服務能力，打造全球金融服務平臺、跨境財富管理平臺以及結算、清算和融資中心，國際化發展平穩快速推進，境內外聯動及跨境人民幣等拳頭業務競爭優勢明顯，「以亞太為主體、歐美為兩翼，拓展全球佈局」的境外機構網路建設取得良好發展。

截至2015年年末，交行在香港、紐約、東京、新加坡、首爾、法蘭克福、澳門、胡志明市、倫敦、雪梨、舊金山、臺北、多倫多、布里斯

本、盧森堡共設立15家境外銀行機構,其中包括14家境外分(子)行和1家代表處,境外經營網點達56個(不含代表處)。2015年5月,交行與巴西BBM銀行簽署了BBM銀行股權轉讓協議,成為交行通過併購方式設立海外機構的第一單。交通銀行經營網路已延伸到亞洲、北美、歐洲、大洋洲和拉丁美洲。目前,交通銀行正積極推動在香港、歐洲、北美等地的機構建設,加強對非洲、中東、東歐等「一帶一路」沿線國家的規劃研究,「一體兩翼、拓展全球」的國際佈局將日趨完善。

二、交通銀行海外業務拓展

(1)主動對接「一帶一路」戰略。交通銀行緊密地圍繞「一帶一路」戰略進行境外機構佈局,從自身優勢出發,找準目標客戶、目標專案,打造並充分發揮相應的產品體系和服務能力等優勢;交通銀行重視風險管理,不僅針對專案本身逐個進行風險排查,還針對專案所在地進行國別風險研判,提出全面、可靠的安全舉措,在安全可控的基礎上切實落實「一帶一路」戰略的各類金融需求。

(2)堅持客戶跟隨戰略。交通銀行堅持中資「走出去」企業客戶與境外當地優質客戶並重、大型企業客戶與中小企業客戶並重、基礎客戶與中高端客戶並重的原則,重視爭取「走出去」、「引進來」客戶和本地客戶的金融服務機會。交通銀行將全球化客戶發展戰略與對境外本地客戶的拓展和維護相結合,選擇合適的切入點拓展本土市場,擴大本地業務資產占比;大力加強與境外同業客戶的合作往來,圍繞「一帶一路」戰略,加強與國家開發銀行、中國進出口銀行、中國出口信用保險公司等政策性金融機構的合作往來,積極探尋與金磚國家新開發銀行的合作機會。

(3)以境內外聯動為紐帶,發揮集團整體協同效應。交通銀行堅持「一個交行、一個客戶」理念,通過境內外機構共用集團網路資源、客戶資源、管道資源和品牌資源,形成強大的合力,發揮協同效應,為客戶提供境內外、本外幣、離在岸全方位一體化服務。

（4）充分抓住人民幣國際化機遇。在跨境貿易領域，交通銀行靈活運用境內外兩個市場，圍繞客戶提供全交易鏈條的綜合服務方案，拓展跨境人民幣資金集中運用服務；在跨境投融資領域，交通銀行抓住人民幣資本業務領域的契機，推動人民幣在項目融資中的運用，利用區域性金融創新政策，支援企業開展跨境人民幣及國內外借款等業務；在金融市場領域，交通銀行加快研發推廣貨幣互換、利率互換等離岸市場衍生品，推動開展人民幣熊貓債業務，推進人民幣債券二級市場交易發展。

以「兩化一行」戰略推動國際化發展，是交通銀行的重大戰略決策。交通銀行將繼續緊密結合內外部形勢和境外業務實際，堅持效益和規模相結合、共性業務和差異化業務相結合、全方位聯動和當地語系化經營相結合、業務發展和風險管控相結合的原則，切實推進落實國際化戰略的深入實施。

3. 衍生品市場

截至2015年第四季度，全球利率衍生品OTC市場未清償餘額達384萬億美元。最主要的交易貨幣是美元、歐元、日圓、英鎊，這四種貨幣的占比分別為36.19％、30.69％、10.05％、9.93％。與上年同期相比，美元、日圓的未清償餘額、市值占比明顯增加，歐元則大幅下降。英鎊的市值占比增幅最大，但是未清償餘額卻下降了（見圖2—10）。

中國的衍生品金融市場發展滯後，規模偏小，與發達國家相比仍然存在較大的差距，人民幣衍生產品尚未被國際清算銀行單獨統計，被列入其他幣種。

如表2—3所示，與2014年相比，2015年全球利率衍生品OTC市場的一個發展趨勢是：其他幣種的未清償餘額和市值均明顯上升。其他幣種利率衍生品OTC市場的未清償餘額占全部幣種的比重從8.47％上升到10.25％，其他幣種利率衍生品OTC市場的市值比重由5.06％上升至6.63％。表明在主要國際儲備貨幣之外，其他幣種的避險工具也得到更多的運用。

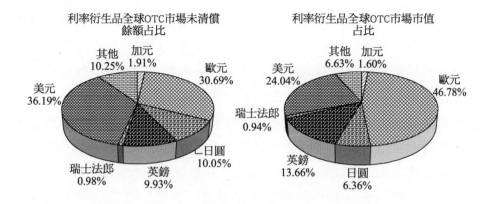

圖2—10　2015年全球利率衍生品OTC市場幣種結構

資料來源：國際清算銀行。

表2—3　全球利率衍生品OTC市場幣種結構（%）

幣種	利率衍生品全球OTC市場未清償餘額占比		利率衍生品全球OTC市場市值占比	
	2014Q4	2015Q4	2014Q4	2015Q4
加元	2.00	1.91	1.05	1.60
歐元	33.09	30.69	52.44	46.78
日圓	9.13	10.05	5.11	6.36
英鎊	11.28	9.93	11.71	13.66
瑞士法郎	0.94	0.98	0.82	0.94
美元	34.14	36.19	23.07	24.04
其他	9.42	10.25	5.80	6.63

資料來源：國際清算銀行。

　　2015年，人民幣利率市場化改革基本完成，人民幣匯率形成機制越來越市場化，人民幣利率和匯率的波動性明顯擴大。為了滿足市場規避人民幣匯率風險的迫切需要，離岸人民幣市場的衍生品創新不斷湧現。例如，2015年3月17日，莫斯科交易所推出人民幣／盧布期貨交易。7月20日，臺灣期貨交易所掛牌兩檔人民幣匯率期貨商品，分別為契約規模2萬美元的「小型美元兌人民幣匯率期貨」及契約規模10萬美元的「美元兌人民幣匯率期貨」。目前，在香港交易的人民幣衍生產品有兩種：美元兌人民幣期貨和中華120指數期貨。

2015年美元兌人民幣期貨共成交262 433手，比2014年增長67 384手，增幅為34.55%，中華120指數期貨2015年共成交27 427手，每季度成交量呈遞減趨勢（見表2—4）。

表2—4　美元兌人民幣期貨和中華120指數期貨交易情況匯總　　　　　單位：手

	2014年				2015年			
	1季度	2季度	3季度	4季度	1季度	2季度	3季度	4季度
美元兌人民幣期貨	75 498	33 359	42 843	53 349	58 303	34 390	86 580	83 160
中華120指數期貨	9 824	8 678	10 935	10 756	14 375	9 403	3 363	286

資料來源：香港聯合交易所。

在資金市場上，2015年人民幣利率互換市場繼續保持活躍，且交易熱度不斷上升。利率互換的交易金額達到8.22萬億元，比2014年增加4.18萬億元，增幅為104%（見表2—5）。

表2—5　銀行間市場利率互換交易額　　　　　　　　　　　　　　　單位：億元

	2014年				2015年			
	1季度	2季度	3季度	4季度	1季度	2季度	3季度	4季度
利率互換	8 044.5	8 908.53	9 577.68	13 786.59	16 597.79	19 319.37	22 519.47	23 721.98

資料來源：中國外匯交易中心。

2015年滬深300股指期貨成交額快速增長，共成交439.67萬億元，比2014年增加276.54萬億元，增幅達169.52%。滬深股指期貨成交金額與滬深300指數波動之間保持較高的同步性，說明滬深300股指期貨在對沖風險方面發揮了積極作用。國債是境外機構投資者的主要投資對象，在利率市場化完成之後，具有對沖利率風險功能的國債期貨受到市場青睞，2015年國債期貨成交4.36萬億元，比上一年增長了396%（見表2—6）。

表2—6 股指期貨、國債期貨交易情況　　　　　　　　　　　　　　　　　單位：億元

	2014年				2015年			
	1季度	2季度	3季度	4季度	1季度	2季度	3季度	4季度
滬深300股指期貨	272 821	275 356	348 607	734 601	882 766	1 546 583	977 621	989 717
國債期貨	1 083.95	1 078.99	1 322.63	5 299.58	6 778.97	7 167.55	4 334.30	25 314.17

資料來源：中國金融期貨交易所。

4. 非居民投資人民幣金融資產

隨著中國金融市場的逐漸開放，非居民投資股票和債券的熱情上升，投資規模逐漸擴大。目前非居民投資人民幣股票有三種管道：合格境外機構投資者（QFII）、人民幣合格境外機構投資者（RQFII）和滬港通。前兩種僅僅適用於機構投資者，第三種適用於個人投資者。

2015年，QFII和RQFII增長較快。新增QFII 20家，比2014年增長7.27％，總數達到295家。新增RQFF68家，比2014年增長57.63％，總數達到186家。

截至2015年年底，我國銀行間債券市場的准入機構包括40家合格境外機構投資者、131家人民幣合格境外機構投資者、84家境外銀行和16家境外保險公司。2015年外資機構參與銀行間債券市場現券交易共成交177 625筆，共計159 316.55億元（見圖2—11）。

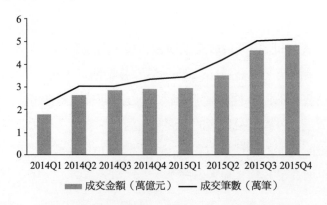

圖2—11 外資機構參與銀行間債券市場現券交易

資料來源：中國外匯交易中心。

受到2015年股市巨幅振盪和人民幣貶值預期的影響，非居民投資中國股票的規模銳減，中國居民投資境外市場的規模陡增。香港聯合交易所的資料顯示，2015年12月滬股通成交金額為625.27億元人民幣，比2014年12月減少46%；港股通2015年12月成交金額為452.35億港幣，比2014年12月增長145%。

總體上看，人民幣金融資產具有越來越大的國際吸引力。2015年境外機構和個人持有境內人民幣金融資產數量大體保持穩定，2015年前半年受益於中國股市的上漲，境外機構和個人持有的境內股票、債券和貸款等都有一定幅度的增加。2015年下半年由於股市的下跌和人民幣匯率的下挫，境外機構和個人持有的境內股票和存款有一定幅度的減少（見表2—7）。

表2—7　境外機構和個人持有境內人民幣金融資產情況　　　　　　　　　　單位：億元

項目	2014Q1	2014Q2	2014Q3	2014Q4	2015Q1	2015Q2	2015Q3	2015Q4
股票	9 790.76	10 426.99	13 332.98	15 313.38	20 121.46	24 325.43	16 782.28	16 513.76
債券	14 003.20	16 295.90	17 979.59	19 600.92	21 345.98	22 478.36	23 402.83	22 718.63
貸款	21 299.51	24 945.63	26 129.73	24 900.87	26 174.44	26 899.73	28 661.28	26 942.65
存款	55 576.06	60 215.43	65 126.38	70 538.32	63 386.11	63 844.34	54 574.54	46 635.06

注：股票市值餘額因非居民通過滬股通持有的股票市值餘額納入統計進行調整。

2.2.3　人民幣境外信貸

截至2015年年末，境內金融機構人民幣境外貸款餘額達3 153.47億元，較2014年增長58.49%。新增貸款139.74億元，比2014年多增加27.84億元。人民幣境外貸款占金融機構貸款總額的比重為0.34%，較2014年增長較快（見圖2—12）。人民幣境外貸款大幅增加，原因在於境外人民幣的利率降低，而且人民幣存在貶值預期，企業為了降低融資成本，增加了人民幣境外借款需求，這一趨勢在8月份的人民幣匯率改革之後表現得格外明顯，大幅推動境外人民幣貸款規模，人民幣貸款占總貸款的比重上升。

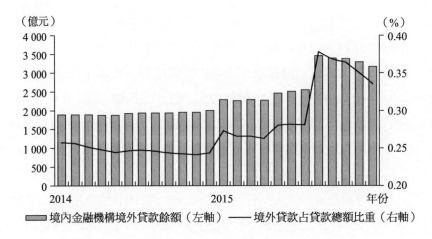

（億元）   （%）

境內金融機構境外貸款餘額（左軸）—— 境外貸款占貸款總額比重（右軸）

圖2—12　中國金融機構人民幣境外貸款餘額及占比

資料來源：中國人民銀行。

　　跨境人民幣貸款既包含境內金融機構發放的境外貸款，也包含境外金融機構向境內企業發放的人民幣貸款。由於境外人民幣利率比境內低，所以境內企業有強烈的意願進行跨境人民幣貸款。2013年央行已經批准上海自貿區、深圳前海以及昆山試驗區三個區域內的企業從境外金融機構進行人民幣融資，這一舉措在2014年又取得了新的進展，天津、廣西、雲南的部分試點區域的企業獲准到東南亞及其他人民幣離岸市場進行跨境人民幣貸款。2015年央行批准了廣東南沙、橫琴自貿區開展跨境人民幣貸款業務試點，允許該區域內的企業從港澳地區銀行借入人民幣資金，資金使用範圍限於區內或境外，包括區內生產經營、區內項目建設以及區內企業的境外項目建設等，資金投向應符合國家宏觀調控方向和產業政策導向。這些進一步開放信貸市場的政策措施，也是2015年人民幣境外貸款餘額大幅增長的一大原因。

2.2.4　人民幣外匯交易

　　2015年中國人民銀行對人民幣匯率中間價的形成機制進行了改革，自2015年8月11日起，做市商在每日銀行間外匯市場開盤前向中國外匯交易中心提供的報價應主要參考上一日銀行間外匯市場的收盤匯率，並結合上一日國際主要

貨幣匯率變化以及外匯供求情況進行微調，基本上實現了市場化改革目標。由於匯率波動幅度擴大，同時受到美聯儲加息預期的影響，市場對人民幣匯率的預期出現了分化，導致2015年外匯市場人民幣對不同貨幣的交易量有漲有跌（見表2—8）。人民幣即期交易額達到4.86萬億美元，同比增長18.23%。

表2—8　2015年銀行間外匯即期市場人民幣對各幣種交易量　　　　　　　　單位：億美元

幣種	美元	歐元	日圓	港幣	英鎊	澳元	紐西蘭元	新加坡元	加拿大元	林吉特	盧布	瑞士法郎
交易量	46 131	678	537	278.97	1 245	160	27	605	20	2	35	23
同比	19%	33%	—27%	—15%	—44%	—34%	—39%	345%	818%	23%	—11%	—44%

資料來源：Wind資訊。

　　衍生品在匯率風險管理中的作用受到越來越多的重視。在中國外匯市場衍生品中，掉期是交易量最大的品種，而且交易幣種主要是美元。2015年外匯市場人民幣對美元掉期交易量8.34萬億美元，同比增加3.88萬億美元，增長了86.9%。人民幣對美元遠期交易量371.99億美元，比2014年減少156.46億美元，同比下降29.6%（見圖2—13）。

　　2015年外幣對交易量達1 915.18億美元，同比增加267.62億美元，增幅為16.24%。其中，美元對歐元的交易規模最大，交易量高達841.41億美元，占外幣對交易總額的43.93%。

　　2015年9月30日，中國人民銀行發佈公告，開放境外央行（貨幣當局）和其他官方儲備管理機構、國際金融組織、主權財富基金依法合規參與中國銀行間外匯市場，開展包括即期、遠期、掉期和期權在內的各品種外匯交易。此舉是人民幣資本項目可兌換和人民幣國際化的重要步驟，為外國央行在官方儲備中持有人民幣資產創造了條件。包括各國央行在內的一批重要國際金融機構參與中國銀行間外匯市場，將極大地提高人民幣在岸市場的成交量，提升銀行間市場人民幣匯率的代表性。

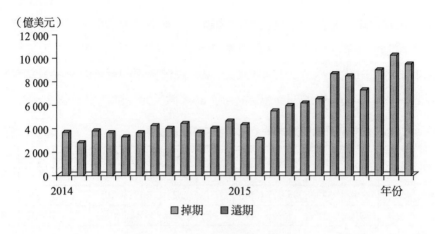

圖2—13 人民幣外匯衍生品市場

資料來源：中國外匯交易中心。

2.3 全球外匯儲備中的人民幣

2.3.1 央行層面的加強貨幣金融合作

截至2015年年末，中國人民銀行已與33個國家和地區的貨幣當局簽署貨幣互換協議，貨幣互換餘額為3.31萬億元（見圖2—14）；其中，中國人民銀行與白俄羅斯、阿拉伯聯合大公國、土耳其、澳洲、烏克蘭以及英國第二次續簽協議，與馬來西亞第三次續簽協議。與2014年相比，新增了蘇利南、亞美尼亞、南非、智利和塔吉克斯坦5個國家和地區。不同於發達經濟體間簽訂的旨在應對危機的貨幣互換協議，中國人民銀行與境外貨幣當局簽訂本幣互換協議的目的不僅包括維護區域金融穩定，還包括促進雙邊貿易和投資。

除了在央行層面簽訂貨幣互換協議外，清算行制度也在市場層面為人民幣流動性提供了保障。2015年，中國人民銀行分別授權在吉隆坡、曼谷、雪梨、卡達、智利、南非等地建立了人民幣清算行，為當地使用人民幣提供便利和支援。2015年11月30日，美國多位金融及工商界領袖宣佈，成立人民幣交易和清算工作組，探討在美國建立人民幣交易和清算機制，以便美國機構使用和接受

人民幣付款，降低交易成本並提高效率。

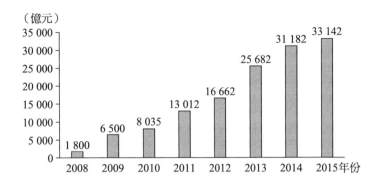

（億元）

圖2—14 中國人民銀行與其他貨幣當局的貨幣互換餘額
資料來源：中國人民銀行。

2.3.2 國際儲備貨幣多元化

　　國際貨幣基金組織（IMF）將官方外匯儲備分為「可劃分幣種」
（Allocated Reserves）和「不可劃分幣種」（Unallocated Reserves）兩個部
分。凡是在各國官方儲備中的累計份額超過1%的貨幣，IMF都將其列入「可劃
分幣種」的外匯儲備的統計範圍。2015年底，「可劃分幣種」的外匯儲備為
6.81萬億美元，占全球官方外匯儲備總額的62.3%，「不可劃分幣種」的外匯儲
備為4.11萬億美元，占全球官方外匯儲備總額的37.6%。與2014年相比，「不可
劃分幣種」的外匯儲備的比重下降了大約10%。

　　在「可劃分幣種」的外匯儲備中，美元儲備4.36萬億美元，占64.02%；歐
元儲備1.35萬億美元，占19.82%；英鎊儲備0.33萬億美元，占4.84%；日圓儲備
0.28萬億美元，占4.11%；瑞士法郎儲備210.34億美元，占0.30%；加元儲備0.13
萬億美元，占1.90%；澳元儲備0.13萬億美元，占1.90%（見表2—9）。與2014
年相比，美元、英鎊的儲備貨幣地位上升明顯，超過1個百分點。與此相反，
歐元的儲備貨幣地位大幅下降，降幅超過2.3個百分點。其他貨幣的變化不大，
地位相對穩定。

表2—9 全球官方外匯儲備的幣種分佈結構（%）

	2014				2015			
	Q1	Q2	Q3	Q4	Q1	Q2	Q3	Q4
全球外匯儲備	100	100	100	100	100	100	100	100
可劃分幣種的外匯儲備	52.69	52.65	52.56	52.45	53.02	58.14	58.96	62.30
美元	60.8	60.73	62.37	62.88	64.17	63.77	63.98	64.02
歐元	24.33	24.09	22.6	22.21	20.8	20.5	20.34	19.82
日圓	3.93	4.03	3.96	3.96	4.2	3.81	3.77	4.11
英鎊	3.86	3.88	3.85	3.8	3.91	4.69	4.72	4.84
瑞士法郎	0.26	0.27	0.27	0.28	0.29	0.3	0.28	0.30
加元	1.87	1.99	1.93	1.91	1.84	1.92	1.89	1.90
澳元	1.89	1.92	1.88	1.81	1.73	1.9	1.89	1.90
其他幣種	3.05	3.1	3.14	3.14	3.07	3.11	3.19	2.99
不可劃分幣種的外匯儲備	47.31	47.35	47.44	47.55	46.98	41.86	41.04	37.70

注：（1）「可劃分幣種」的外匯儲備來自COFER資料庫；各幣種的外匯儲備結構是相應幣種的外匯儲備額與「可劃分幣種」的外匯儲備的比值，該演算法與IMF一致。

（2）「不可劃分幣種」的外匯儲備是外匯儲備總額與「可劃分幣種」的外匯儲備之差。

資料來源：IMF COFER資料庫；IMF：《國際金融統計》。

　　2015年11月30日，國際貨幣基金組織（IMF）執董會決定將人民幣納入特別提款權（SDR）貨幣籃子，SDR貨幣籃子相應擴大至美元、歐元、人民幣、日圓、英鎊5種貨幣，人民幣在SDR貨幣籃子中的權重為10.92%，美元、歐元、日圓和英鎊的權重分別為41.73%、30.93%、8.33%和8.09%，新的SDR籃子將於2016年10月1日生效。人民幣加入SDR有助於增強SDR的代表性和吸引力，完善現行國際貨幣體系。

　　人民幣已經進入數十個國家的官方儲備。2015年6月24日，蒙古國政府首次發行離岸人民幣債券，金額10億元，期限3年，按面值平價發行，票面利率及收益率均為7.50%。11月27日，中國銀行間市場交易商協會接受加拿大大不列顛哥倫比亞省在我國銀行間債券市場發行60億元人民幣債券的註冊。12月15日，韓國政府在中國銀行間債券市場發行30億元三年期人民幣債券，中標利率

3.00%，這是首個境外主權國家在中國境內發行熊貓債。外國政府通過發行人民幣計價債券的方式將人民幣納入外匯儲備資產，表明人民幣的儲備貨幣功能逐步增強。

人民幣資產的國際吸引力不斷增加

伴隨人民幣國際化程度的不斷深入，人民幣資本帳戶開放程度的不斷提升，人民幣針對一籃子貨幣匯率的逐步穩定，2015年人民幣資產受到國際金融機構和投資者的熱烈追捧，國際吸引力明顯增加。

首先，人民幣資本項目可兌換程度繼續擴大。直接投資項下外匯管理的行政許可已基本取消，除了極少數涉及個人和「熱錢」的項目外，85%的資本項目都實現了可兌換。境外資金通過QFII、RQFII及滬港通管道可進行證券交易，一批包括外國中央銀行在內的國際金融機構獲准進入中國銀行間債券市場，非居民的人民幣股票和債券持有額出現了大幅增長。

其次，人民幣加入SDR貨幣籃子，標誌著人民幣正式跨入官方儲備貨幣行列，這有利於增強世界各國對人民幣的信心，提升人民幣在國際貨幣體系中的競爭力。離岸市場人民幣產品越來越豐富，參與交易的主體不斷增加，金融機構、企業和個人對人民幣資產的需求明顯擴大。

最後，資本市場穩步對外開放。吸引境外中長期資金投資A股，優化A股投資者結構，促進資本市場穩定發展，這是中國資本市場對外開放的一貫政策。2015年6月9日，MSCI明晟公司在日內瓦公佈2015年全球市場分類評審結果，稱中國A股處在納入其全球基準指數的軌道上。在2015年11月12日公佈的半年審核報告中，MSCI將14家中國概念股首

度納入旗下的中國指數和新興市場指數。一旦中國的A股被納入國際著名指數，就會有效擴大中國資本市場的國際影響，推動境外長期機構投資者投資A股市場。

2.4　人民幣匯率及中國資本帳戶開放

2.4.1　人民幣匯率制度改革

從2005年開始，中國就致力於完善人民幣匯率形成機制。以市場為單向，增加人民幣匯率的彈性。2015年8月11日，中國人民銀行再次對人民幣匯率形成機制進行了改革，要求做市商在每日銀行間外匯市場開盤前，參考上一日銀行間外匯市場收盤匯率，綜合考慮外匯供求情況以及國際主要貨幣匯率變化，向中國外匯交易中心提供中間價報價，以增強人民幣兌美元匯率中間價的市場化程度和基準性。此後，中國政府基本上沒有對外匯市場進行直接干預，而是更多地發揮市場機制來確定人民幣匯率。由於改變了定價機制，將制定目標匯率的參考貨幣從以前的單一貨幣美元轉向一籃子貨幣。選擇籃子貨幣的依據是：在中國對外貿易、外債、外商直接投資等經貿活動占較大比重的主要國家、地區及其貨幣。市場參與主體需要一段時間來適應這些變化，導致2015年下半年人民幣匯率波動較大，引發了較大的外部效應。

為了配合人民幣匯率的市場化改革，中國政府還採取措施加快外匯市場發展。例如，豐富外匯產品，推動外匯市場對外開放，延長外匯交易時間，引入合格境外主體，促進形成境內外一致、在岸和離岸人民幣匯率合理聯動的機制。根據外匯市場發育狀況和經濟金融形勢，增強人民幣匯率雙向浮動彈性，保持人民幣匯率在合理均衡水準上的基本穩定。

通過2015年8月的匯率形成機制改革，進一步發揮市場匯率作用，完善當前以市場供求為基礎、參考一籃子貨幣進行調節、有管理的浮動匯率制度。

2.4.2 人民幣匯率水準

1. 人民幣匯率中間價

2015年，境內外匯市場上與人民幣進行直接交易的貨幣由2014年的11種上升至12種，分別為美元、港幣、日圓、歐元、英鎊、林吉特、盧布、澳元、加元、紐西蘭元、新加坡元和瑞士法郎（見圖2—15）。

自2005年7月人民幣匯率形成機制改革開始，人民幣兌美元匯率呈現一路升值態勢。2015年，受到美國經濟資料好轉及美聯儲加息的影響，全球資本回流美國，人民幣對美元開始貶值。8月實行人民幣匯率制度改革之前，美元兌人民幣匯率中間價在6.1～6.2的區間內震盪；8月11日，中國人民銀行宣佈調整美元中間價報價方式後，美元兌人民幣匯率中間價隨後迅速升至6.408 5，之後升值幅度有所收窄，然而上下震盪加劇，12月31日報收6.493 6，與2014年同期的6.119相比，人民幣對美元貶值5.77%；由於港幣兌美元採用聯繫匯率制度，因此人民幣兌港幣匯率走勢與兌美元匯率走勢基本一致，2015年基本處於港幣可浮動的上限水準，人民幣兌港幣中間價全年貶值5.84%。

人民幣兌盧布、林吉特、加元、紐西蘭元和澳元匯率中間價大幅度升值。截至2015年12月末，人民幣兌盧布、林吉特、加元、紐西蘭元和澳元匯率中間價分別為11.31、0.660 51、4.681 4、4.442 6、4.727 6，與上年同期相比，人民幣兌盧布、林吉特、加元、紐西蘭元和澳元匯率中間價分別升值24.92%、16.42%、12.69%、8.12%和6.13%。

截至2015年年底，歐元、100日圓、新加坡元和英鎊兌人民幣中間價分別為7.095 2、5.387 5、4.587 5、9.615 9。與2014年底相比，人民幣兌歐元、新加坡元匯率中間價分別升值5.08%和1.14%；相反，人民幣兌日圓、英鎊匯率中間價分別貶值4.65%和0.75%。2015年期間，這四種貨幣兌人民幣匯率中間價震盪加劇，最高值與最低值之間的價差擴大。歐元、英鎊、日圓和新加坡元兌人民幣匯率中間價年內波動幅度（年內匯率最大值與最小值之差占前一年末匯率的比重）分別達到12.26%、11.12%、9.41%和4.72%。

2015年11月10日，人民幣與瑞士法郎開始直接交易，期間瑞士法郎兌人民幣匯率中間價基本維持小幅震盪的走勢，截至2015年年末，人民幣兌瑞士法郎小幅升值0.92%。

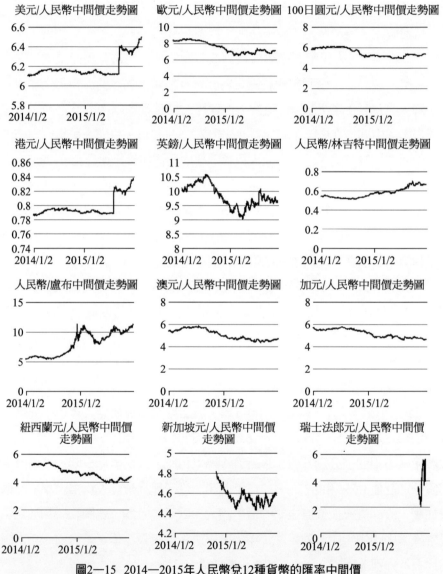

圖2—15　2014—2015年人民幣兌12種貨幣的匯率中間價

資料來源：國家外匯管理局。

2. 名義有效匯率和實際有效匯率

根據國際清算銀行的資料，2015年年底，人民幣名義有效匯率為125.9，與上年同期的121.46相比，上升了3.65%。扣除通貨膨脹後的實際有效匯率為130.11，與2014年年底的125.36相比，上升了3.78%（見圖2—16）。這就表明，與中國的主要交易夥伴的一籃子貿易加權貨幣相比，人民幣仍然是堅挺的。如果從2005年7月人民幣實行匯率制度改革開始計算，人民幣名義有效匯率和實際有效匯率累計分別上升了43.14%、53.34%。

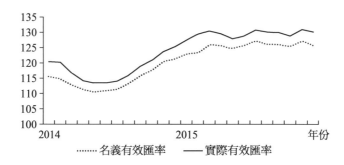

圖2—16　人民幣有效匯率走勢

資料來源：國際清算銀行。

截至2015年年底，日圓、歐元、英鎊和美元的名義有效匯率分別為78.52、96.4、114.75、120.1。日圓、英鎊和美元的對外綜合價值大幅上升，幣值堅挺，與2014年同期相比，這三種貨幣分別上漲了5.17%、5.31%和10.82%。與此相反，歐元幣值走弱，名義有效匯率比2014年下跌了4.42%（見圖2—17）。

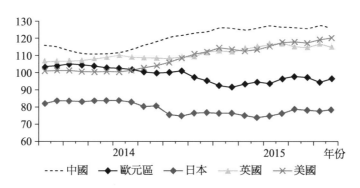

圖2—17　五大經濟體貨幣名義有效匯率走勢

資料來源：國際清算銀行。

3. 離岸人民幣CNH

2015年度，美元兌離岸人民幣匯率「先揚後抑」；離岸人民幣匯率最高為6.612 3，最低為6.015 0，振幅達到9.93%。2015年12月末，離岸人民幣匯率為1美元兌人民幣6.568 7元，與2014年12月末的6.212 8相比，離岸人民幣兌美元匯率貶值5.72%。

由於在岸市場和離岸市場是分割的，導致兩個市場的匯率即CNY與CNH的波動不一致，二者之間存在價差，而且這一價差隨著境內外人民幣貨幣市場的供求狀況、利率差異變化等而上下波動。例如，2015年9月7日，CNY比CNH低1 130個基點；2015年9月29日，CNY比CNH高166個基點，在岸和離岸人民幣匯率的價差最高達到1 296個基點。總體而言，2015年期間，CNY與CNH的價差呈現先擴大、再減小、再擴大的變化過程，絕大多數時間CNY都低於CNH，表明境外市場人民幣貶值幅度更大。

在人民幣利率市場化基本完成的背景下，CNY與CNH之間的價差變化對資本流動具有顯著的影響。一方面，境內外人民幣利差收窄，減弱了人民幣跨境流動的套利動機。另一方面，在人民幣對美元呈現階段性貶值的背景下，境內外匯差明顯擴大，對人民幣資金跨境流動的影響增強（見圖2—18）。

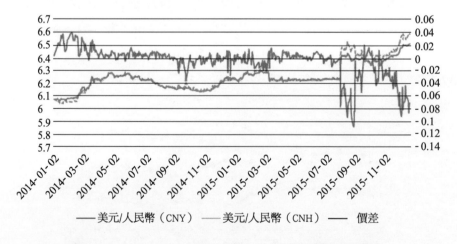

圖2—18　2014—2015年在岸人民幣、離岸人民幣匯率及價差

資料來源：Wind資訊。

4. 人民幣NDF

在外匯管制國家，貨幣通常不能自由兌換，為了規避匯率波動的風險，20世紀90年代出現了無本金交割的遠期交易，人民幣、越南盾、印度盧比、菲律賓比索等新興市場貨幣都出現了NDF這種衍生工具。

新加坡和香港人民幣NDF市場是亞洲最主要的離岸人民幣遠期交易市場，該市場的行情反映了國際社會對於人民幣匯率變化的預期。人民幣NDF市場的主要參與者是歐美等地的大銀行和投資機構，它們的客戶主要是在中國有大量人民幣收入的跨國公司，也包括總部設在香港的中國內地企業。

邁入2015年，人民幣各個期限的NDF延續了2014年的走勢，不同的是波動幅度有所擴大。具體來看，人民幣NDF匯率在第一季度震盪上升，隨後在第二季度震盪走低；第三季度先是平穩運行，人民幣匯率形成機制改革之後，NDF匯率跳躍式大幅上升；進入了第四季度，人民幣NDF小幅調整之後，匯率繼續上升。

截至2015年12月末，一月期、三月期、半年期和一年期的人民幣NDF每日綜合收盤價分別為6.560、6.630、6.705和6.79，與2014年同期相比，上述四個期限的NDF交易中，人民幣兌美元匯率分別貶值了6.26%、6.42%、6.63%、6.44%（見圖2—19）。這就意味著，NDF市場的人民幣貶值預期仍然高於在岸和離岸市場。

綜上所述，從2015年全年走勢看，受到美元走強和人民幣匯率形成機制改革的雙重影響，人民幣單向升值預期被打破，各種影響因素綜合反映到市場中，人民幣對主要貨幣出現了不同程度的雙向波動，波動幅度和彈性明顯增加。離岸人民幣與在岸人民幣匯率的偏差逐漸回歸合理範圍，人民幣有效匯率小幅升值，人民幣的穩定性並未改變。

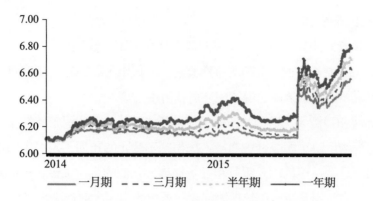

圖2—19　2014—2015年人民幣NDF每日綜合收盤價

資料來源：Wind資訊。

CFETS人民幣匯率指數發佈

2015年12月11日，中國外匯交易中心正式發佈CFETS人民幣匯率指數，對推動社會觀察人民幣匯率視角的轉變具有重要意義。根據相關演算法說明，CFETS人民幣匯率指數參考CFETS貨幣籃子，具體包括中國外匯交易中心掛牌的各人民幣對外匯交易幣種（其中美元在一籃子貨幣中的權重為26.40%、歐元為21.39%、日圓為14.68%、港幣為6.55%、英鎊為3.86%、澳元為6.27%、紐西蘭元為0.65%、新加坡元為3.82%、瑞士法郎為1.51%、加拿大元為2.53%、林吉特為4.67%、盧布為4.36%、泰銖為3.33%），樣本貨幣權重採用考慮轉口貿易因素的貿易權重法計算而得。樣本貨幣取價是當日人民幣外匯匯率中間價和交易參考價。指數基期是2014年12月31日，基期指數是100點。

長期以來，市場觀察人民幣匯率的視角主要是看人民幣兌美元的雙

邊匯率，由於匯率浮動旨在調節多個交易夥伴的貿易和投資，因此僅觀察人民幣兌美元雙邊匯率並不能全面反映貿易品的國際比價。也就是說，人民幣匯率不應僅以美元為參考，也要參考一籃子貨幣。匯率指數作為一種加權平均匯率，主要用來綜合計算一國貨幣兌一籃子外國貨幣加權平均匯率的變動，能夠更加全面地反映一國貨幣的價值變化。參考一籃子貨幣與參考單一貨幣相比，更能反映一國商品和服務的綜合競爭力，也更能發揮匯率調節進出口、投資及國際收支的作用。CFETS人民幣匯率指數的公佈為市場轉變觀察人民幣匯率的視角提供了量化指標，以更加全面和準確地反映市場變化情況。

　　從國際經驗看，匯率指數有的由貨幣當局發佈，如美聯儲、歐洲中央銀行、英格蘭銀行等都發佈本國貨幣的匯率指數；也有的由仲介機構發佈，如洲際交易所（ICE）發佈的美元指數已經成為國際市場的重要參考指標。中國外匯交易中心發佈人民幣匯率指數符合國際通行做法。2015年以來，CFETS人民幣匯率指數總體走勢相對平穩，12月31日為100.94，較2014年年底升值0.94%。這表明，儘管2015年以來人民幣對美元有所貶值，但從更全面的角度看人民幣對一籃子貨幣仍小幅升值，在國際主要貨幣中人民幣仍屬強勢貨幣。

　　為便於市場從不同角度觀察人民幣有效匯率的變化情況，中國外匯交易中心也同時列出了參考BIS貨幣籃子、SDR貨幣籃子計算的人民幣匯率指數，截至12月末，上述兩個指數分別較2014年年底升值1.71%和貶值1.16%。

　　中國外匯交易中心定期公佈CFETS人民幣匯率指數，將有助於引導市場改變過去主要關注人民幣兌美元雙邊匯率的習慣，逐漸把參考一籃子貨幣計算的有效匯率作為人民幣匯率水準的主要參照系，有利於保持人民幣匯率在合理均衡水準上的基本穩定。

2.4.3 中國資本帳戶開放度測算

　　Epstein和Schor（1992）最早提出使用AREAER衡量資本管制程度，Cottarelli和Giannini（1997）將AREAER的資本管制資訊量化為二元變數[1]，進行算術平均計算出資本帳戶開放度。由於該方法過於粗略，得到的結論可信度受到不少質疑，本報告使用目前主流的資本開放度測度方法即四檔約束式方法[2]，對中國的名義資本帳戶開放程度進行測量。

　　按照《2015年匯兌安排與匯兌限制年報》中對中國2014年度資本帳戶管制的描述，延續2013年的態勢，2014年中國資本帳戶不可兌換專案有三大項，主要集中於非居民參與國內貨幣市場、集體投資類證券、衍生工具的出售和發行。部分可兌換的專案主要集中在債券市場交易、股票市場交易、房地產交易和個人資本交易等方面。運用四檔約束式方法進行計算，同時考慮細微變化，綜合量化《2015年匯兌安排與匯兌限制年報》的描述，計算出中國的資本開放度為0.650 2（見表2—10）。

表2—10　IMF定義下的2014年度中國資本管制現狀

資本交易專案	2014年
1.對資本市場證券交易的管制	
A.買賣股票或有參股性質的其他證券	

1　即0/1虛擬變數，若資本帳戶專案存在管制記為0，反之記為1。

2　計算公式為：$open=\sum_{i}^{n}p(i)/n$，

式中，$open$代表資本帳戶開放的程度，從0到1取值，值越小說明資本帳戶管制程度越大，n表示資本項目開放中考慮的資本交易專案總數，在此表示中國11個資本大項交易下的40個資本交易子項，$p(i)$表示第i子項的開放程度，用四檔取值法對各子項進行賦值。$p(i)=1$表示此資本交易專案沒有管制，是指對真實性的資本專案交易或匯兌基本沒有管制；$p(i)=1/3$表示有較多限制，是指對較多交易主體或大部分資本專案進行限制；$p(i)=2/3$表示此資本交易專案有很少管制，是指僅對個別交易主體或少數資本專案交易進行限制；$p(i)=0$表示嚴格管制，是指不允許或禁止進行的交易專案，包括無明確法律規定但實際操作中不允許或禁止的交易專案；另外，在AREAER中也有少數專案表示有管制但是沒有具體資訊，此類情況賦值為1/2。

續前表

資本交易專案	2014年
（1）非居民境內購買**	QFII投資境內A股須符合以下條件：(1)通過QFII在上市公司的外國個人投資者的所有權不得超過公司股份的10%，所有外國投資者所持一個上市公司的A股不能超過30%。(2)QFII總的投資限額為1 500億美元。(3)通過QFII推出的養老基金、保險基金、共同基金等主要的鎖定期為3個月。 B股以美元或港幣計價，在證交所掛牌，外國投資者可以購買。 RQFII可以使用境外募集的人民幣投資國內證券市場。 2014年11月17日起，在滿足一定的條件和限額下，香港的投資者可以投資上海的證券市場。
（2）非居民境內出售或發行***	非居民可以出售A股和B股；但是非居民不能發行A股或B股。
（3）居民境外購買**	保險公司可以從事境外投資活動，數額不能超過上季度總資產的15%，這一比率包括所有類型的外國投資，如股票、債券、基金等。 公司在國外和國內股票及股票型基金的綜合投資不得超過前一季度末總資產的30%(以前是20%)。 QDII包括銀行、基金管理公司、證券公司及保險公司，可以在經審批的限額內以外匯購買境外股票和其他投資產品。 2014年11月17日起，在滿足一定的條件和限額下，中國內地的投資者可以投資香港的證券市場。
（4）居民境外出售或發行***	國內居民企業在境外發行股票需要證監會批准並在國家外匯局註冊。

續前表

資本交易專案	2014年
B. 債券與其他債務性證券	
（5）非居民境內購買**	QFII和RQFII可以投資人民幣計價的金融工具：(1)股票、債券和交易所交易或轉讓的權證；(2)銀行間債券市場交易的固定收益類產品；(3)證券投資基金；(4)股指期貨；(5)證監會允許的其他金融工具。 以上投資都有投資限額及鎖定期限的要求。
（6）非居民境內出售或發行**	在財政部、中國人民銀行和國家發改委的批准下，國際開發機構可以發行人民幣計價的債券。 在中國的外資企業也可以發行債券。
（7）居民境外購買**	QDII包括銀行、基金管理公司、證券公司、保險公司，在各自的外匯額度和監管限制內可以購買國外債券。 2014年2月19日起，固定收益類資產或股權類資產的單一投資的帳面價值，不得超過上一季度末保險公司總資產的5%。 2014年11月1日起，RQDII使用人民幣對外投資不受額度限制。
（8）居民境外出售或發行***	在境外發行到期日超過一年的債券必須提前到國家發改委備案。 國內金融機構在境外發行到期日超過一年的人民幣債券須獲得中國人民銀行的批准。

續前表

資本交易專案	2014年
2.對貨幣市場工具的管制	
（9）非居民境內購買***	QFII可以最小的鎖定期購買貨幣市場基金。QFII不能直接參與銀行間外匯市場的交易。鎖定期是指投資本金的匯款被禁止的時期。 2015年5月28日起，獲得限額的境外人民幣清算行和非居民參與行可以在銀行間債券市場開展回購業務。
（10）非居民境內出售或發行*	非居民不得出售或發行貨幣市場工具。
（11）居民境外購買***	QDII可以購買規定允許的貨幣市場工具，受制於各自的外匯配額和監管限制。在國內外無擔保企業類債券和國內外證券投資基金的投資分別不得超過公司上一季度末總資產的50%和15%。
（12）居民境外出售或發行***	國家外匯管理局批准後，居民可發行境外貨幣市場工具，如期限低於1年的債券和商業票據。
3.對集體投資類證券的管制	
（13）非居民境內購買***	QFII和RQFII可投資於國內的封閉式和開放式基金。
（14）非居民境內出售或發行**	2015年7月1日起，香港公開上市的基金可以在批准的地區內銷售。
（15）居民境外購買***	QDII可以在各自外匯配額和監管限制內，購買境外的集體投資證券。在國內外無擔保企業類債券和國內外證券投資基金的投資分別不得超過公司上一季度末總資產的50%和15%。
（16）居民境外出售或發行***	2015年7月1日起，內地公開上市的基金可以在香港地區銷售。

續前表

資本交易專案	2014年
4.對衍生工具與其他工具的管制	
（17）非居民境內購買***	如果交易是為了保值，QFII可投資於國內的股指期貨，受制於特定的限制和規模。
（18）非居民境內出售或發行*	這些交易不允許。
（19）居民境外購買**	銀監會監管的金融機構可買賣銀監會批准用於以下目的的衍生工具：(1)對沖固有資產負債表風險，(2)以盈利為目的，(3)為客戶提供（包括金融機構）衍生產品交易服務。 為了客戶的利益，商業銀行通過財富管理服務開展境外理財業務不得投資於商品類衍生品。 QDII可以在其外匯投資限額內購買境外衍生工具。 經國有資產監督管理委員會許可，央企可以開展離岸衍生產品業務。
（20）居民境外出售或發行**	適用境外衍生工具購買的管理法規。
5.對商業信貸的管制	
（21）居民向非居民提供	
（22）非居民向居民提供	
6.對金融信貸的管制	
（23）居民向非居民提供***	在一定的限制下，跨國公司境內關聯企業能直接貸款給境外關聯企業，也可以通過國內銀行貸款給境外關聯企業。 2014年11月1日起，跨國企業集團可以在非金融類成員企業間進行跨境的盈餘和虧損資金轉移及分配業務。

續前表

資本交易專案	2014年
（24）非居民向居民提供**	居民企業借入超過一年期的國外貸款必須經過國家發改委的審批。 金融機構和授權從事對外借款的中國參股企業，符合國家外匯管理局批准的限額，可以開展一年或一年以內的短期對外借款。所有對外借款必須在國家外匯管理局登記。 2014年，國家外匯管理局批准的短期外債總配額是373億美元。具體的事務不需要進一步檢查或批准。所有外部借款必須在國家外匯管理局登記。 2014年11月1日起，跨國企業集團可以在非金融類成員企業間進行跨境的盈餘和虧損資金轉移及分配業務。

7.對擔保、保證和備用融資便利的管制

（25）居民向非居民提供***	2014年5月12日起，居民向非居民提供擔保不再需要國家外匯管理局批准。 非金融類居民企業向境外非居民提供人民幣擔保，可以不經中國人民銀行批准。
（26）非居民向居民提供***	2014年5月12日起，非居民向居民提供擔保不再需要國家外匯管理局批准。 國外非金融類機構可以使用其人民幣清算帳戶中的資金作為國內融資的抵押。

8.對直接投資的管制

（27）對外直接投資***	2014年11月27日起，除了向敏感國家、地區及行業的投資外，居民企業對外直接投資不再需要審批。 國內企業的海外直接投資沒有外匯限制，允許它們購買外匯進行海外直接投資，但對外直接投資資金的匯出要在經辦銀行登記。

續前表

資本交易專案	2014年
（28）對內直接投資**	四級分類制度影響對內直接投資：(1)鼓勵，(2)一般允許，(3)限制，(4)禁止。 只要符合有關外商投資及其他法律、法規的要求，並已取得商務部或地方商務部門的批准，非居民可在中國投資設立企業。
9.（29）對直接投資清盤的管制***	取得的上市公司A股股份在三年內不得轉讓。 經營期限之前過早的清算需要初始的審查和審批機關的批准，或者必須基於司法判決。
10.對不動產交易的管制	
（30）居民在境外購買***	國內機構對國外房地產的購買按照海外直接投資執行。保險公司在境外投資不動產不得超過公司總資產的15%。 2014年2月19日起，國外和國內的房地產投資類型的帳面價值不能超過保險公司上一季度末總資產的30%。總的帳面價值不包括保險公司使用自有資金購買自用的不動產，其帳面價值的差額不能超過淨資產總額的50%。
（31）非居民在境內購買***	外國居民購買商業住宅房屋必須遵守實際需要和自用原則，為了支付賣方以購買建築物，可以直接在外匯指定銀行將外匯資金轉換成人民幣。
（32）非居民在境內出售***	經在國家外匯管理局登記，非居民可直接在相關銀行遣返來自房地產銷售的收益。外匯審批程序已被取消。
11.對個人資本流動的管制	
A.貸款	

續前表

資本交易專案	2014年
（33）居民向非居民提供***	在沒有具體的授權下，居民不可向非居民提供貸款。
（34）非居民向居民提供***	在沒有具體的授權下，非居民不可向居民提供貸款。
B.禮品、捐贈、遺贈和遺產	
（35）居民向非居民提供***	居民憑有效個人身份證明可以在銀行購買外匯援助和幫助海外的直系親屬，一年最高50 000美元。對於更大的金額，個人必須向銀行提供個人有效身份證明和相關部門或公證機構出具的直系親屬的材料。
（36）非居民向居民提供***	憑個人有效證件，個人從捐贈基金、遺贈和遺產獲得的不超過50 000美元的收入可以在銀行完成。超過這個數額需要個人身份和相關證明及支付憑證。
（37）外國移民在境內的債務結算	n.a.
C.資產的轉移	
（38）移民向國外的轉移***	退休和養老基金可以匯往國外。自然人移居國外或將居住香港、澳門，在取得移民身份之前，清算其合法擁有的中國的境內財產，購買和匯出境外的外匯。
（39）移民向國內的轉移	目前還沒有適用的法律。
（40）博彩和中獎收入的轉移	目前還沒有適用的法律。
資本開放程度	0.650 2

注：*表示禁止，**表示較多限制，***表示較少限制。

資料來源：IMF：《2015年匯兌安排與匯兌限制年報》。

2.4.4 開放度發生變化的資本項目

相比2013年，2014年「對資本市場證券交易的管制」、「對集體投資類證券的管制」、「對金融信貸的管制」、「對擔保、保證和備用融資便利的管制」、「對直接投資的管制」和「對不動產交易的管制」這6個大項有進一步的放鬆。具體來看，在資本項目的40個子項中，有10個子項出現明顯的變化，表明中國的資本帳戶進一步向開放推進。

以「對資本市場證券交易的管制」這一大項為例。

對於「買賣股票或有參股性質的其他證券」中的第一個子項「非居民境內購買」，截至2015年6月，RQFII的總投資限額提高到了9 700億人民幣，進一步超過了2014年底的7 700億元，繼QFII顯著擴容後，RQFII也呈現逐步擴容的趨勢。

對於「買賣股票或有參股性質的其他證券」中的第三個子項「居民境外購買」，「公司在國內外的股票和股票型基金的綜合投資不得超過公司總資產的30%」調整為「QDII使用人民幣進行境外投資的限制和配額被取消」。

因為IMF公佈的《2015年匯兌安排與匯兌限制年報》描述的是2014年的資本帳戶管制情況，時間上滯後一年，所以相比2014年的當期值，本報告測算的資本帳戶程度相對保守。2014年2月18日，中國人民銀行「自貿區金融30條」首個細則落地，中國（上海）自由貿易試驗區支付機構跨境人民幣支付業務啟動；2014年2月21日，中國（上海）自由貿易試驗區擴大人民幣跨境使用業務推進會舉行；2014年3月16日，境外非金融企業在境內首發人民幣債券；2014年4月10日，證監會發佈公告闡述滬港通原則及制度；2014年11月17日，上海和香港證券市場實現兩地互通等等。這些表明當年中國資本帳戶管制的程度進一步放鬆，資本帳戶開放的推進相對以往具有較大的力度，中國人民銀行等相關機構對資本帳戶開放的描述已做了較大的調整，預計下一年的資本帳戶開放程度可能會有較大的變化（見表2—11）。

表2—11 2014年中國資本帳戶管制現狀相對2013年的變化

資本交易專案	2013年	2014年相對2013年的變化
1. 對資本市場證券交易的管制	中國股東控制境外上市公司獲得的外匯收益在兩年內遣返。	左欄的內容沒有出現。
A.買賣股票或有參股性質的其他證券		
（1）非居民境內購買	(1)通過QFII在上市公司的外國個人投資者的所有權不得超過公司股份的10%，所有外國投資者所持一個上市公司的A股不能超過30%；(2)QFII的總的投資限額為1 500億美元。截至2013年年底，累計共有251個機構獲批，總投資497.01億美元。	香港的投資者可以投資上海證券市場。截至2015年5月，累計共有271個QFII獲批，總投資774.74億美元。截至2015年6月，RQFII的總投資限額為9 700億人民幣，進一步超過了2014年底的7 700億元。
（2）非居民境內出售或發行		無變化。
（3）居民境外購買	公司在國內外的股票和股票型基金的綜合投資不得超過公司總資產的30%。固定收益類資產或股權類資產的單一投資的帳面價值，不得超過保險公司上一季度末總資產的5%。	QDII使用人民幣進行境外投資的限制和配額被取消。中國內地的投資者可以投資香港的證券市場。
（4）居民境外出售或發行		無變化。
B.債券與其他債務性證券		
（5）非居民境內購買	2013年6月21日起在臺灣地區、2013年10月15日起在英國、2013年10月22日起在新加坡的RQFII可投資內地證券市場。	2015年，澳洲、加拿大、智利、法國、德國、香港地區、匈牙利、盧森堡、卡達、韓國、瑞典的RQFII都可以投資內地。
（6）非居民境內出售或發行		無變化。

續前表

資本交易專案	2013年	2014年相對2013年的變化
（7）居民境外購買	2014年2月19日起，固定收益類資產或股權類資產單一投資的帳面價值，在上一季度末不得超過保險公司總資產的5%。	2014年11月1日起，RQDII使用人民幣對外投資不受額度限制。
（8）居民境外出售或發行		無變化。
2.對貨幣市場工具的管制		
（9）非居民境內購買		無變化。
（10）非居民境內出售或發行		無變化。
（11）居民境外購買		無變化。
（12）居民境外出售或發行		無變化。
3.對集體投資類證券的管制		
（13）非居民境內購買		無變化。
（14）非居民境內出售或發行		2015年7月1日起，香港公開上市的基金可以在批准的地區內銷售。
（15）居民境外購買		無變化。
（16）居民境外出售或發行		2015年7月1日起，香港公開上市的基金可以在批准的地區內銷售。
4.對衍生工具與其他工具的管制		
（17）非居民境內購買		無變化。
（18）非居民境內出售或發行		無變化。
（19）居民境外購買		無變化。
（20）居民境外出售或發行		無變化。
5.對商業信貸的管制		
（21）居民向非居民提供		無變化。
（22）非居民向居民提供		無變化。

續前表

資本交易專案	2013年	2014年相對2013年的變化
6.對金融信貸的管制		
（23）居民向非居民提供	在一定的限制下，跨國公司境內關聯企業能直接貸款給境外關聯企業，可以通過國內銀行貸款給境外關聯企業。	2014年11月1日起，跨國企業集團可以在境內外非金融類成員企業間進行跨境的盈餘和虧損資金轉移及分配業務。
（24）非居民向居民提供	2013年，國家外匯管理局批准的短期外債總配額是373億美元。具體的事務不需要進一步檢查或批准。所有外部借款必須在國家外匯管理局登記。	2014年11月1日起，跨國企業集團可以在非金融類成員企業間進行跨境的盈餘和虧損資金轉移及分配業務。
7.對擔保、保證和備用融資便利的管制		
（25）居民向非居民提供	國內銀行對外提供財務擔保須由國家外匯管理局批准，個人交易無須批准；國內銀行對外非金融擔保無須批准。國內銀行提供對外擔保必須向國家外匯管理局經常備案。在國家外匯管理局的限制內，非銀行金融機構和企業可提供對外金融和非金融擔保。	2014年5月12日起，居民向非居民提供擔保不再需要國家外匯管理局批准。
（26）非居民向居民提供	從國內金融機構借款時，已經依法經商務部按照外商投資法律批准的外資企業(包括但不限於外商獨資企業、中外合資企業、中外合作企業，等等)可以接受來自外國機構的擔保。中資企業在一些試點地區，向國內金融機構借款可能接受外國機構的擔保，須符合國家外匯管理局核准的限制。	2014年5月12日起，非居民向居民提供擔保不再需要國家外匯管理局批准。

續前表

資本交易專案	2013年	2014年相對2013年的變化
8.對直接投資的管制		
（27）對外直接投資	對外直接投資項目分為：(1)鼓勵，(2)允許，(3)禁止。對外直接投資的外匯資金來源需要進行外匯登記，對外直接投資資金的匯出不需要審批，但需要登記。	除了向敏感國家、地區及行業的投資外，居民企業對外直接投資審批要求被取消，改成登記。低於50 000美元的投資利潤匯出不再需要核查基礎材料，超出部分提供董事會決議及完稅憑證即可。使用人民幣進行對外直接投資結算程序簡化，經辦銀行核查即可。
（28）對內直接投資		無變化。
9.（29）對直接投資清盤的管制		無變化。
10.對不動產交易的管制		
（30）居民在境外購買	國外和國內的房地產投資類型的帳面價值不能超過保險公司總資產的20%。	2014年2月19日起，國外和國內的房地產投資類型的帳面價值不能超過保險公司總資產的30%。總的帳面價值不包括保險公司購買的自用房地產，其帳面價值的差額不能超過淨資產總額的50%。
（31）非居民在境內購買		無變化。
（32）非居民在境內出售		無變化。
11.對個人資本流動的管制		
A. 貸款		
（33）居民向非居民提供		無變化。
（34）非居民向居民提供		無變化。
B. 禮品、捐贈、遺贈和遺產		
（35）居民向非居民提供		無變化。
（36）非居民向居民提供		無變化。

續前表

資本交易專案	2013年	2014年相對2013年的變化
（37）外國移民在境內的債務結算	—	—
C. 資產的轉移		
（38）移民向國外的轉移		無變化。
（39）移民向國內的轉移		無變化。
（40）博彩和中獎收入的轉移		無變化。

資料來源：IMF：《2014年匯兌安排與匯兌限制年報》、《2015年匯兌安排與匯兌限制年報》。

第三章

年度熱點：人民幣加入特別提款權貨幣籃子

　　2015年11月30日，國際貨幣基金組織執行董事會完成了五年一度的特別提款權貨幣籃子組成的審查工作。此次執董會審查的一個主要焦點是人民幣是否符合現有標準，從而可以被納入特別提款權貨幣籃子。執董會決定認為人民幣符合所有現有標準，人民幣被認定為可自由使用貨幣，並將作為第五種貨幣，與美元、歐元、日圓和英鎊，一道構成特別提款權貨幣籃子。為確保國際貨幣基金組織、國際貨幣基金組織成員以及其他特別提款權使用方有充足時間進行調整以適應新的變化，新的貨幣籃子將於2016年10月1日正式生效。

3.1　對世界和中國是雙贏的結果

3.1.1　有利於增強特別提款權的代表性和吸引力

　　特別提款權（SDR）是由IMF創設的一種超主權貨幣，充當儲備資產和記帳單位，是對成員國可自由使用貨幣的潛在索取權。在1969年創設之初，SDR被用於解決布列敦森林體系下黃金和美元兩種儲備資產不足的問題。布列敦森林體系崩潰以後，國際貨幣基金組織官方將特別提款權的作用界定為：第一，

各成員國的補充性儲備資產；第二，國際貨幣基金組織及其他一些國際組織的記帳單位。

　　SDR本身即是國際貨幣體系改革的產物。20世紀60年代，在雙掛鉤的匯率平價體系下，國際貨幣體系的正常運行面臨三大威脅：一是日益突出的國際流動性供給不足問題；二是國際收支嚴重失衡，特別是美國出現持續的貿易收支逆差，總需求管理政策在糾正國際收支失衡方面無能為力；三是美元陷入了「特里芬難題」，其他國家央行積累的美元儲備已經超過美國持有的黃金價值，出現了美元信心危機。如果國外的銀行和企業不願意繼續增加它們的美元持有量，就會導致國際流動性緊縮和世界經濟危機。為了鞏固世界經濟增長和國際貨幣體系安全，必須進行深刻和系統的國際貨幣體系改革。正是在這樣的背景下，1969年IMF採納了十國集團的建議，創設了一種超主權國家貨幣——特別提款權。

　　創設SDR在當時肩負著特殊的歷史使命。它的短期目標是補充國際儲備，緩解「特里芬難題」，使美國有可能調整美元的黃金平價，糾正國際收支失衡，使得當時匯率平價體系的制度安排和基本特徵得以維繫。它的長期目標是在全球官方美元儲備已經數倍於美國黃金儲備的條件下，同時解決國際流動性供給和儲備信心問題。用SDR來部分替代美元，由國際社會來管理國際流動性和儲備，不僅可以對國際流動性供給進行約束，避免出現流動性過剩，還可以使得流動性供給適度，恰好滿足國際貿易和資本流動的需求，既充足又不過剩。從根本上看，引入SDR實際上是要建立起一種國際儲備發行機制，讓國際流動性供給不再依賴於某個國家或某幾個國家的經常帳戶逆差，增強人們對國際儲備的信心，從而提高國際貨幣體系治理結構的國際性。

　　然而，SDR並沒有像當初設想的那樣代替黃金成為國際貨幣體系的價值尺度，充其量只是成員國官方之間的一種記帳貨幣；也沒有成為各國央行的主要儲備資產，經過四次分配，在全球國際儲備資產中大約只有2%的份額。SDR的功能和作用極其有限。原因在於：首先，主要工業國的貨幣當局拒絕將國際儲備的有效控制權給予國際貨幣基金組織，也不願意讓IMF成為一個「超主權中

央銀行」。其次，布列敦森林體系解體後，由於擺脫了黃金約束，美國向全球供給美元再也不用忌憚「特里芬難題」的限制，以完全意義上的主權信用貨幣國際化來提供國際流動性，自然不可能再出現任何流動性不足的問題。這就打亂了原本的國際貨幣體系改革計畫，也導致SDR「部分替代美元」的改革初衷徹底落空。再次，國際貨幣體系逐漸進入了浮動匯率和儲備貨幣多元化時代，歐元的誕生及其與美元的抗衡似乎表明SDR並非約束和管理國際流動性的唯一選擇。最後，在經濟和金融全球化的背景下，金融自由化和金融創新推動國際金融市場迅速成長，投機力量的破壞性愈發強大，國際金融危機頻繁發生，IMF的主要任務轉向了金融危機管理，對全球流動性供給、國際收支調節以及國際儲備管理的關注度下降。

2008年的全球金融危機引起了人們對當前國際貨幣體系可持續性的嚴肅思考。人們發現，現在的美國仍然是通過貿易逆差來提供全球流動性供給，這與半個世紀前幾乎一樣。美國實體經濟總量目前占全球的份額大約是五分之一，貿易份額下滑到十分之一左右，而美元在各國官方儲備資產中擁有大約三分之二的份額，是當之無愧的超級貨幣。由於沒有了黃金約束，使得全球範圍的流動性過剩問題十分明顯。因為以貿易逆差來支撐美元的超級地位只會導致美國國內流動性氾濫、美元資產泡沫、美國次貸危機擴大成為全球危機、美國貨幣政策溢出衝擊全球經濟這樣一些現實問題。廣大發展中國家對當前國際貨幣體系深感憂慮。因為這些國家的經濟總量和對外貿易增長迅速，但是貨幣錯配嚴重，頻繁遭到投機資本攻擊，經常發生國際金融危機。為抵禦危機，這些國家逐漸積累更多的外匯儲備，但是又受到「美元陷阱」困擾，不得不為其他國家的經濟金融危機埋單。可見，國際貨幣體系又到了亟須改革的重要關口。不過，這一輪改革的呼聲並不是來自十國集團，而是來自廣大發展中國家。

SDR貨幣籃子與國際貨幣格局關係密切，主要國際貨幣都在其中。貨幣籃子調整本身也反映出國際貨幣體系改革的方向。人民幣以一種新興國際貨幣的身份出現在國際市場，這是一個從無到有的變化。人民幣國際化程度由低而高，這就是實實在在的國際貨幣格局正在變遷的最好證據。因此，在SDR貨

幣籃子中增加人民幣，既可提高SDR的代表性和吸引力，也對提高IMF的公信力具有積極影響。具體來看，（1）中國是最大的發展中國家，將人民幣納入SDR，使得SDR同時包含發達國家和發展中國家的貨幣，籃子更加多元化，幣種結構更均衡，籃子構成更能代表世界主要貨幣。（2）中美兩國互為最大的交易夥伴，兩國貨幣地位的嚴重不平等是造成雙方國際收支長期失衡的重要原因。人民幣加入SDR，標誌著人民幣國際化得到IMF的認同，隨著人民幣被更多使用，可以改善當前國際流動性過度依賴美國的供給機制，降低順差國的「美元陷阱」風險。（3）從SDR貨幣籃子組成來看，目前的四種貨幣是自由浮動匯率制度，新增加的人民幣是管理浮動匯率制度。將這種差異性引入貨幣籃子中，可增加主要貨幣之間的對沖空間，有利於熨平SDR的波動，增加SDR的幣值穩定性和吸引力，從而更好地發揮SDR的價值尺度功能，擴大其使用範圍，使得IMF在國際儲備管理中的作用進一步強化。

以人民幣進入SDR貨幣籃子為起點，或可推動形成多元制衡的國際貨幣競爭格局，使廣大發展中國家有機會選擇更安全的國際儲備貨幣，擺脫過度依賴美元造成的種種危害。從國際貨幣體系大局來看，多元制衡的國際貨幣格局順應國際經濟和貿易格局的調整方向，有利於打破全球經濟失衡和全球金融恐怖平衡的僵局，可有效緩解系統性全球金融危機的壓力，以不負SDR改革國際貨幣體系的重大使命。

3.1.2 對人民幣國際化具有里程碑式的意義

如果從2009年跨境人民幣業務試點算起，人民幣國際化已經開始了第八個年頭。雖然時間不長，但人民幣國際使用水準迅速提高。到2015年，人民幣繼續保持全球第二大貿易融資貨幣、第五大支付貨幣、第六大外匯交易貨幣和第六大國際銀行間貸款貨幣地位，已經躋身世界主要貨幣行列。應當說，在這種情形下人民幣加入SDR貨幣籃子，完全是水到渠成、順理成章，但絲毫也不影響這一歷史事件的重大意義。如同IMF總裁拉加德女士所說：「將人民幣納入SDR貨幣籃子的決定是中國經濟融入全球金融體系的一個重要里程碑。它是對

中國當局在過去多年來在改革其貨幣和金融體系方面取得的成就的認可。中國在這一領域的持續推進和深化將推動建立一個更加充滿活力的國際貨幣和金融體系。這又會支持中國和全球經濟的發展和穩定。」

1. IMF官方確認人民幣為可自由使用貨幣

IMF章程規定，執董會通常每五年對SDR籃子的構成進行審查。審查涵蓋SDR定值方法的關鍵要素，力求確保特別提款權的定值反映各貨幣在全球貿易和金融體系中的相對重要性。這些要素包括：選擇特別提款權籃子貨幣的標準，籃子貨幣的數目，以及確定貨幣權重的方法。組成SDR利率籃子的金融工具通常也在審查範圍之內。

執董會在2015年SDR審查時確認了現有的兩項實質性標準：出口和可自由使用，同時將籃子規模從四種貨幣擴大到五種貨幣。出口標準要求，籃子貨幣是由五年期間貨物和服務出口價值最大的五個成員國或貨幣聯盟發行的，體現了篩選「門檻」的作用，自20世紀70年代以來一直使用。2000年增加了籃子貨幣必須可自由使用的標準，以體現金融交易的重要性。

根據《國際貨幣基金組織協議》，如果成員國貨幣被認定事實上廣泛用於國際交易支付，並且在主要外匯市場上廣泛交易，即可被定義為「可自由使用」貨幣。顯然，「可自由使用」標準與一種貨幣是否自由浮動或完全可兌換並不能等同。[1]這一概念主要是為了確保成員國能夠直接或間接地利用從基金組織獲得的貸款貨幣來滿足國際收支融資需求（不受損失地兌換成另一種貨幣）。

從程序上看，人民幣被納入SDR貨幣籃子經過了兩道關口。第一關是基金工作人員的技術評估與建議。第二關是執董會的政策判斷。

基金工作人員向執董會提出明確建議將人民幣納入貨幣籃子，主要基於三個方面的理由。第一，國際使用和交易。自2010年SDR審查以來，人民幣在國

1　有些貨幣即使受到一定的資本帳戶限制，但也可以被廣泛使用和廣泛交易，比如英鎊和日圓被認定為可自由使用貨幣時還不是完全可兌換。也有些完全可兌換的貨幣卻未必被廣泛使用和廣泛交易。

際支付中的使用已顯著增加。在三個主要交易時區中，覆蓋兩個時區的外匯市場上的人民幣交易已大幅增加，能夠滿足IMF業務涉及的交易規模。這為認定人民幣在國際交易支付中「廣泛使用」及在主要外匯市場上「廣泛交易」提供了依據。第二，操作要求。儘管不是正式要求，但工作人員認為各方能夠在無重大阻礙的情況下開展人民幣操作，可保障IMF相關業務的平穩運作。對此，國內相關部門做了不少具體工作，比如，向國外官方儲備管理者及其代理全面開放銀行間債券市場和外匯市場，財政部開始滾動發行三個月期限國債，以完善收益率曲線，中國外匯交易中心每天5次公佈匯率並確定SDR使用的參考匯率，還有推進完全放開國內利率、採取步驟提高匯率市場化程度以及實施新的跨境銀行間支付系統等改革措施。第三，加強資料披露的補充步驟。儘管不是正式標準，但籃子貨幣發行國通常符合透明度方面的高標準。目前我們已開始用資料公佈特殊標準（Special Data Dissemination Standards, SDDS）公佈資料。

執董會負責最終決定是否將人民幣納入貨幣籃子。由於沒有事先設定的門檻或基準，這項決定需要執董會根據《國際貨幣基金組織協議》的「可自由使用」定義及各項量化指標做出主觀判斷。基金工作人員撰寫的報告中提供了嚴格的技術評估和明確的建議，在參考以上檔後，執董會同意工作人員的分析和建議，並做出了最後決定。

由於IMF嚴格按照既定程序和既定標準通過了人民幣入籃決議，意味著其對人民幣「可自由使用」的判定是嚴格的、不打折扣的。這相當於IMF為人民幣在國際市場的廣泛使用和廣泛支付進行了官方背書，可打消企業、機構甚至貨幣當局因儲備資訊不透明而產生對人民幣資產的懷疑或猶豫，為人民幣更好地發揮金融交易職能和儲備資產職能創造有利條件。

2. 入籃後人民幣國際化面對新的機遇和挑戰

人民幣加入SDR貨幣籃子，既代表了IMF對人民幣充當國際儲備貨幣的官方認可，也是人民幣進入主要國際貨幣行列的關鍵標誌，象徵意義巨大。但其影響遠不止如此。就像IMF官方所說的，人民幣加入SDR還將對人民幣已經不斷增加的國際使用和交易起到支援作用。

新貨幣籃子確定的人民幣權重10.92%將於2016年10月1日正式生效。這就為國際金融市場上的各類交易主體提供了資產配置參考，並從操作角度留出了必要的準備和調整的時間。隨著IMF統計並公開披露人民幣儲備資訊，會有更多成員國官方機構持有人民幣資產，從而實現人民幣全面發揮貿易結算、金融交易、官方儲備等國際貨幣功能的歷史性突破，促進人民幣國際化程度進一步顯著提高。官方或非官方交易主體配置人民幣資產將是一個漸進完成的過程，這對全球範圍的人民幣離岸市場來說無疑是利好消息。未來會出現更多人民幣計值的金融產品，國際金融交易中的人民幣份額將隨之提高，大大增強人民幣交易的市場廣度和深度，使其在國際市場上的使用和交易更加廣泛。人民幣能在國際貨幣體系中有一席之地，取得與經濟地位相匹配的貨幣地位，可有效地避免中國陷入美元陷阱，切實維護人民的勞動成果，確保國家經濟金融安全。

2001年中國加入世界貿易組織，被視為里程碑式的重大事件。因為以此為起點，中國與世界經濟的融合速度明顯加快，為中國成為全球第一貿易大國奠定了基礎。人民幣入籃同樣具有里程碑式的重大意義，它代表了中國與國際貨幣和金融體系的融合速度即將加快。雖然現階段SDR的功能和使用都相當有限，但是在SDR貨幣籃子裡史無前例地出現一個發展中國家的貨幣，還是給人以希望——相信隨著人民幣國際化水準進一步穩定提高，有意識、有步驟地擴大SDR的使用[1]，或將切實推動國際貨幣體系的改革與完善。

IMF決定將人民幣納入SDR是對中國經濟發展和改革開放成果的肯定，特別是對人民幣國際化前期進展的肯定，同時也代表國際社會對中國在國際經濟和金融舞臺上發揮積極作用有更多的期許。但中國畢竟仍然是一個發展中國家，特別是在金融市場的廣度和深度方面跟成熟市場相比有著比較大的差距。人民幣加入SDR後，中國與國際貨幣和金融體系將更加廣泛而深入地交流合作，必然要面對國內外市場上各方主體的觀察、分析、評論、監督、制約或要求，那麼，國內的相關制度安排與政策選擇、包括金融市場和金融機構在內的

---

1 2016年3月周小川在G20「國際金融架構高級別研討會」上表示，中國將於近期使用美元和SDR作為外匯儲備資料的報告貨幣，並積極研究在中國發行SDR計值的債券。

整個金融體系運作乃至實體經濟發展等都將迎來新的挑戰。應對得好，承受住壓力考驗，履行好國際貨幣發行國應盡的義務，人民幣國際化道路就能夠越走越寬。因此，看清楚即將面對哪些重大挑戰，及時、有效地做好充分準備，這才是人民幣入籃後的第一要務。

第一，中國與國際貨幣和金融體系的交流更加密切，必然會在跨境資本流動方面有所反映，從而將進一步引發全球市場對人民幣匯率的廣泛關注。顯然，在這方面，人民幣匯率波動以及央行匯率管理等問題最具挑戰性。因為隨著人民幣更多執行國際貨幣職能，人民幣匯率將不僅影響國內經濟和金融活動，也會對周邊國家匯率、區域貿易投資甚至整個國際金融市場產生不小的溢出效應。

隨著人民幣匯率改革的逐步推進，匯率形成機制日臻完善。一方面，人民幣匯率的市場化程度顯著提高，匯率表現自然會呈現出更富彈性、雙向波動的基本特徵。另一方面，2015年12月開始中國外匯交易中心定期公佈人民幣匯率指數，這種基於一籃子貨幣加權計算的有效匯率，與傳統上主要觀察人民幣兌美元雙邊匯率的習慣相比，能夠更加全面地反映一國商品和服務的綜合競爭力決定的貨幣對外價值變化。而人民幣匯率指數的波動程度及其變動方向與人民幣兌美元的雙邊匯率未必一致，如果片面地強調後者，則有可能誇大了人民幣匯率波動，甚至對人民幣匯率未來走勢形成誤判。

從匯率制度選擇來看，管理浮動的人民幣匯率在現階段仍然是適用的。因為中國的資本帳戶尚未完全開放，暫時處於有限開放條件，同時中央銀行的貨幣政策還無法做到完全獨立，一定程度上會受到國外主要央行政策的影響，因此選擇介於完全穩定和自由浮動之間的匯率安排在理論上顯然是行得通的。重點是央行如何進行匯率管理，才能實現與最優貨幣政策目標相符的匯率政策目標；而且更重要的是，央行能否引導市場預期，讓市場調節機制更好地發揮作用，從而自動實現匯率政策目標。未來，當人民幣國際化達到一定程度時，必然要求更高的資本流動程度，同時央行也將致力於追求更加獨立的貨幣政策，在此情形下匯率制度必將走向完全浮動。這時，央行將主要通過貨幣政策、財

政政策等工具間接影響匯率，以期實現匯率政策目標。

第二，新興金融市場普遍具有脆弱性特徵，在金融自由化和經濟全球化的過程中，面對外部負面衝擊常常束手無策，極易感染金融危機，不僅影響國內金融體系正常運行，還有可能中斷經濟增長並造成社會經濟持續動盪。中國的金融市場與其他新興市場一樣是脆弱的、易感染危機的。隨著國內金融體制改革的不斷深入，以及國內金融市場向更多外國投資者開放，國內各個金融子市場之間、境內外金融市場之間的資產價格聯動性和金融風險傳染性明顯提高，這對於能否順利實現人民幣國際化的最終目標構成了又一個重大挑戰。

由於跨境資本流動，特別是短期跨境資本流動，對人民幣基礎資產價格的聯動性和風險傳染性存在顯著的相互影響，因此資本帳戶改革必須繼續堅持漸進、平穩、有序的原則，並要與國內金融改革協同推進。當務之急在於積極探索針對短期跨境資本流動的有效管理工具；同時要儘快建立起大金融監管體系，重視金融立法，創新風險管理技術，高度重視金融市場之間的風險聯動與傳染，有效防範金融風險的積聚和系統性危機的爆發。

第三，系統重要性銀行的穩健經營對我國整體金融體系運行的安全性至關重要，因而也成為決定人民幣國際化成敗的關鍵變數。隨著人民幣在國際市場扮演更重要的角色，這些大銀行必然要走向全球金融市場，迎接巨大的國際化發展空間，在客戶和產品兩個維度加快提升海外業務規模及收入來源；但也將面臨更加複雜的市場環境和監管要求，風險暴露的數量和結構都將顯著調整。此外，也應當看到，儘管系統重要性銀行在國際化進程中會遇到許多外部風險，但就現階段而言，來自國內業務的風險壓力似乎更加明顯。這表明，系統重要性銀行在國際化發展過程中需要經受國內、國外雙重風險的考驗。在中國進一步融入國際貨幣和金融體系的過程中，要特別重視強化系統重要性銀行的風險管控機制，防範個別風險事件發酵成為系統性金融危機，給實體經濟帶來災難性後果。

第四，實體經濟平穩健康發展是保障人民幣國際化走向成功的關鍵。現階段的中國經濟要同時面對多重考驗。供給側改革若能改變經濟增長方式，打破

社會經濟發展瓶頸，推動產業升級和技術創新，就將為中國實體經濟的可持續健康發展注入新的活力，從而奠定並鞏固了全球市場對人民幣的信心基礎。簡而言之，如果缺乏實體經濟的有力支撐，人民幣國際化的前景就將黯然失色。所以，來自實體經濟層面的不確定性，構成了能否順利實現人民幣國際化最終目標的一個重大挑戰。值得注意的是，國內深化改革與更高標準對外開放是同時推進的。這意味著在更多融入國際經濟金融體系的過程中，既要重視防範外部風險的衝擊，又要重視做大做強國內市場，從根本上提高抵禦各種負面衝擊的能力。而在推動供給側改革的同時，也必須注意到實體經濟層面的問題或矛盾往往會以金融風險的方式表現出來，如果不能及時有效地處置，難免會擴散、傳染以至於引發系統性金融危機的嚴重後果。

　　系統性金融危機極具破壞性。一旦發生，不僅對國民經濟、人民生活造成沉重打擊，也很有可能破壞人民幣國際化的戰略大局。我國系統性風險曾若干次短暫升高，並未導致嚴重的危機結果。但近年來，出現了系統性風險來源從單一市場向多個市場聯動發展的跡象，需要引起高度重視，並採取有效手段做好系統性風險監測與評估工作。對於系統性風險的防範與處置，要跟上全球範圍內宏觀審慎監管大變革的步伐。在金融監管實踐當中，必須增加長期以來缺失的「宏觀維度」，並與微觀審慎監管等政策實現有效協調配合，以防範系統性風險　的發生與蔓延，進而保障金融穩定。通過構建符合中國實際的宏觀審慎政策框架，積極應對系統性風險的挑戰，守住不發生系統性金融危機的底線，為實現人民幣國際化等重大國家戰略目標創造有利條件。

3.2　不代表中國資本帳戶完全開放

3.2.1　正確理解貨幣國際化與資本帳戶開放的關係

　　關於人民幣國際化與資本帳戶開放關係的討論，有兩種非常流行但卻未必正確的觀點應當予以澄清。一種觀點強調資本帳戶開放是貨幣國際化的前提

條件，認為人民幣還不是完全可自由兌換貨幣，尚不具備在國際市場上被普遍接受、使用和交易的資格，在資本帳戶有管制的條件下推進人民幣國際化註定要失敗。這種觀點在人民幣國際化戰略形成之初比較常見，是當時反對人民幣國際化、質疑其合理性和正當性的代表性意見。隨著人民幣國際化水準迅速提高，這種質疑的聲音逐漸消失了。

另一種觀點在IMF考查人民幣能否進入SDR貨幣籃子的階段比較多見，認為資本帳戶開放是滿足可自由使用貨幣標準的關鍵條件，因而對人民幣入籃前景持悲觀態度。而在入籃一事塵埃落定後，該觀點也相應做出調整，認為人民幣加入SDR貨幣籃子代表中國的資本帳戶即將完全開放。目前來看，國內外形成這種預期的機構和個人恐怕還不在少數。

從以往的國際經驗看，資本帳戶開放並非貨幣國際化的充分條件，甚至在貨幣國際化初期也不是一個必要條件。20世紀90年代不少新興市場國家相應開放本國資本帳戶，但是有哪一個新興市場貨幣在國際範圍內得到了普遍認同和廣泛使用呢？把資本帳戶開放理解成貨幣國際化的前提，則直接被現實證據顛覆——人民幣即將作為第五種主要國際貨幣進入SDR貨幣籃子，但資本帳戶仍然沒有完全開放。而且，既然IMF已經澄清，可自由使用貨幣與資本帳戶開放或完全可自由兌換沒有必然聯繫，那麼預言人民幣入籃後中國將開放資本帳戶似乎就顯得證據不足。

就邏輯而言，與其說資本帳戶開放是貨幣國際化的前提，不如說國際市場硬通貨推動貨幣國際化，反過來形成資本帳戶開放需求。[1]目前的情況是，快速成長的全球人民幣離岸市場不僅滿足了資本帳戶有管制的條件下企業使用人民幣結算的需求，增加了流動性供給，還通過多元市場和金融產品創新提供投融資、套期保值等金融服務，滿足了非居民對人民幣資產的保值增值需求，極大地增強了人民幣的市場吸引力和信心。離岸人民幣交易在一定程度上具備的「可兌換性」，再加上本幣使用的便利性，二者共同助推了人民幣國際化水準

1　參見陸磊：《基於微觀基礎的貨幣理論與政策優化》，載《中國金融》，2014（22）。

的快速提高。所以，人民幣離岸市場建設作為資本帳戶開放前的一種過渡性金融安排，為我國根據內外經濟形勢平穩、有序地適時推進資本帳戶改革創造了有利條件。

這表明，在人民幣國際化的初期，如果僅從貨幣國際化的需要角度出發，完全開放資本帳戶的必要性暫時並不大。而如果回到一般意義的層面來討論資本帳戶開放的理由或時機選擇等，那麼，就要既看到可能的有利影響，也必須正視新興市場國家開放資本帳戶後頻繁發生國際金融危機的現實問題。Arteta等（2001）、Gu和Huang（2011）認為，如果在金融監管機制尚不健全的條件下，過早實施資本帳戶開放，會使經濟危機爆發的風險大大增加。馬勇和陳雨露（2010）通過實證研究發現，長期而言，金融危機並不會因資本帳戶開放程度的提高被誘發，但激進式地放開資本帳戶則會顯著提高金融危機的發生概率。這也從另外一個角度證明了資本帳戶改革不應當也不必要受到人民幣國際化戰略的影響。

3.2.2 既要看名義開放度，也要重視實際開放度

現實中，人們對資本帳戶開放的理解比較混亂。比如，誤以為開放就是完全沒有管制，誤以為發達國家比發展中國家更開放，誤以為「開放」是對靜止狀態的描述，誤以為開放是不可逆的，等等。事實上，這些理解都是錯誤的。

資本帳戶開放是一個動態過程。現實世界裡，沒有任何一個國家做到完全取消資本管制，即使那些宣稱已經實現資本帳戶開放的國家也是如此。所以衡量一國資本帳戶開放程度有兩種做法：一種是名義開放（de jure）測度，也稱為基於法規的衡量方法；一種是實際開放（de facto）測度，也稱為基於事實的衡量方法。

IMF發佈的《匯兌安排與匯兌管制年報》（AREAER）就是名義開放度的主要衡量方法，表3—1顯示了2015年對G20國家11個資本帳戶子專案的二元變數測度結果。從中可見，印度在資本帳戶各專案中均實行管制。中國、阿根廷、南非管制的專案也較多，僅有1個項目完全放開。日本、義大利和加拿大

的開放度最大，只有2項實施管制。最令人意外的恐怕是美國，因為人們一向認為美國對外開放程度是最高的、是不存在管制的，但實際上美國在7個專案中實行管制；德國和巴西也存在7項管制。

二元測度法相對比較粗糙，目前主流的名義開放度測度方法是四檔約束式方法。根據《人民幣國際化報告》課題組測算，2014年我國資本帳戶名義開放度是0.650 2，與2010年的0.504 5相比已經有了長足的發展。

表3—1　G20國家AREAER二元變數測度指標（2015）

國家	資本帳戶的11個子項										
	資本市場	貨幣市場	集合投資	衍生品	商業信貸	金融信貸	保證擔保	直接投資	清盤	不動產	個人交易
印尼	•	•	•	•	•		•	•		•	
中國	•	•	•	•		•	•	•	•	•	•
印度	•	•	•	•	•	•	•	•		•	•
阿根廷	•	•	•	•	•	•	•	•		•	•
墨西哥	•	•	•					•		•	
澳洲								•			
俄羅斯								•			
沙烏地阿拉伯	•	•	•		•		•	•		•	
南非	•	•	•	•	•	•	•	•		•	•
韓國	•			•				•			
德國						•	•	•			
美國							•	•			
巴西	•	•				•		•			
日本	•							•			
法國	•	•						•			
義大利			•					•			
加拿大	•	•									

續前表

國家	資本帳戶的11個子項										
	資本市場	貨幣市場	集合投資	衍生品	商業信貸	金融信貸	保證擔保	直接投資	清盤	不動產	個人交易
英國	•		•					•		•	
土耳其	•	•	•	•		•	•		•		•

注：•表示實施管制。

資料來源：IMF：《2015年匯兌安排與匯兌限制年報》。

Kraay（1998）提出用國際收支平衡表中的資訊構建資本開放度指標，通過計算一國金融帳戶中外國直接投資、有價證券投資及其他投資項下的資本流入和流出之和與該國國內生產總值（GDP）的占比來衡量資本帳戶開放程度。表3—2是使用該方法測算得到的部分G20國家實際資本開放度結果。從中不難發現：資本開放是一個動態過程，各個國家的實際資本開放度都處於變化中，而且變動方向也並非單調的。另外，雖然總體上發達國家的實際開放度高於發展中國家，但發達國家內部的資本開放度也有明顯的高低之分，而且個別國家的開放程度似乎沒有想像中那麼高。

表3—2 部分G20國家實際資本開放度測算

	澳洲	巴西	加拿大	中國	歐盟	法國	德國	印度	日本	韓國	俄羅斯	南非	英國	美國
1985	0.000	0.054	0.056	0.040	0.000	0.046	0.083	0.014	0.000	0.050		0.031	0.253	0.036
1990	0.076	0.019	0.073	0.016	0.000	0.184	0.096	0.021	0.000	0.044	0.000	0.025	0.304	0.044
1995	0.118	0.048	0.085	0.061	0.000	0.074	0.110	0.018	0.000	0.107	0.026	0.068	0.315	0.104
1996	0.114	0.050	0.132	0.055	0.000	0.108	0.118	0.054	0.093	0.122	0.097	0.074	0.538	0.122
1997	0.100	0.045	0.144	0.114	0.000	0.180	0.211	0.046	0.137	0.073	0.126	0.171	0.592	0.142
1998	0.093	0.094	0.173	0.095	0.000	0.181	0.309	0.038	0.124	0.072	0.111	0.156	0.322	0.092
1999	0.144	0.096	0.129	0.078	0.152	0.386	0.359	0.023	0.231	0.074	0.126	0.201	0.460	0.135
2000	0.136	0.083	0.225	0.101	0.227	0.369	0.410	0.036	0.089	0.063	0.152	0.061	0.998	0.161
2001	0.153	0.066	0.173	0.078	0.174	0.347	0.292	0.022	0.114	0.097	0.030	0.191	0.610	0.110
2002	0.194	0.077	0.120	0.053	0.113	0.234	0.222	0.028	0.091	0.040	0.046	0.047	0.289	0.104
2003	0.244	0.058	0.093	0.065	0.128	0.323	0.195	0.031	0.142	0.079	0.149	0.056	0.599	0.111
2004	0.267	0.061	0.112	0.070	0.149	0.419	0.200	0.036	0.139	0.089	0.144	0.056	0.890	0.217

續前表

	澳洲	巴西	加拿大	中國	歐盟	法國	德國	印度	日本	韓國	俄羅斯	南非	英國	美國
2005	0.283	0.038	0.130	0.115	0.236	0.594	0.320	0.047	0.231	0.084	0.166	0.091	1.139	0.142
2006	0.347	0.082	0.203	0.139	0.285	0.551	0.341	0.075	0.181	0.134	0.170	0.168	0.867	0.249
2007	0.293	0.115	0.257	0.126	0.298	0.531	0.461	0.104	0.252	0.180	0.256	0.115	1.302	0.259
2008	0.194	0.055	0.149	0.082	0.083	0.240	0.145	0.084	0.235	0.309	0.262	0.142	1.163	0.155
2009	0.403	0.079	0.153	0.057	0.184	0.358	0.173	0.056	0.246	0.263	0.128	0.100	0.790	0.139
2010	0.281	0.122	0.150	0.107	0.099	0.266	0.287	0.083	0.275	0.184	0.099	0.072	0.487	0.157
2011	0.245	0.093	0.149	0.097	0.102	0.299	0.152	0.065	0.239	0.159	0.153	0.238	0.223	0.100
2012	0.201	0.069	0.165	0.074	0.112	0.197	0.218	0.079	0.194	0.155	0.139	0.222	0.304	0.149
2013	0.217	0.081	0.117	0.083	0.134	0.324	0.237	0.067	0.253	0.142	0.159	0.187	0.296	0.128
2014	0.210	0.123	0.158	0.080	0.098	0.203	0.125	0.071	0.308	0.145	0.112	0.217	0.187	0.113

資料來源：IMF.

圖3—1給出了我國資本帳戶實際開放度的變動趨勢。可以看到，改革開放以來，我國境內外資本流動程度總體上穩步提高，但是每當國際金融形勢動盪的時候就會出現明顯下滑。當資本流動總量占GDP比重處於上升態勢時，表明該階段對國際資本流動的管制比較寬鬆。而在資本流動總量GDP的比重出現下滑，或者呈現明顯的大幅度下降時，表明該時期對於國際資本流動的管制趨於加強。這也進一步表明，對於國際金融資本的衝擊，我國的應對措施，相對比較靈活。

值得注意的是，2010年以來，我國資本帳戶的名義開放度穩定提高，但實際開放度卻經歷了先降後升的小波折。這表明，即使對同一個經濟體來說，名義開放度和實際開放度的變化並非同步，有時甚至方向相反。

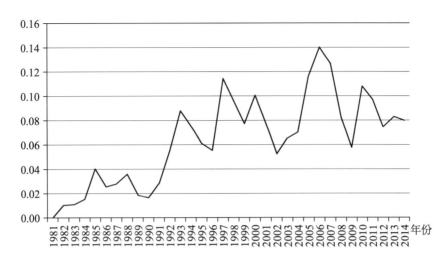

圖3─1　我國實際資本開放度變動趨勢

資料來源：IMF.

　　這提醒我們，資本帳戶改革不能只看名義開放度變化，更不能機械化地理解成完全取消管制。首先，要充分注意到IMF關於資本流動管理的觀點已經發生了變化，過去認為資本管制「屬於非政策選項」，如今認為資本管制已成為管理資本流動政策「工具箱」中的有用部分，在某些情況下使用可視為「適當之舉」。IMF明確建議各國管理資本流動應依次構築「宏觀經濟政策調整─宏觀審慎管理─臨時性資本管制」等三道防線。因此，要為合理的資本管制正名。資本管制至少包括三個方面：（1）涉及反洗錢、反恐融資、打擊避稅天堂、國家安全等問題的管制；（2）出於宏觀審慎管理目的而保留的不同程度的管制；以及（3）出現大規模「熱錢」衝擊、國際收支嚴重不平衡時應急恢復的臨時性管制。其次，要重視學習發達國家的資本流動管理方式和外國投資管理制度，特別是那些名義開放度較高、實際開放度較低的國家，以期較好地解決中國可能在較長時間裡存在的名義開放度低、實際開放度高的問題。在資本帳戶改革所需的配套措施準備充分之前，不要過早地實現資本帳戶開放。

美國現行的外國投資管理制度

美國早在1969年以前就實現了資本帳戶開放。對外資一直採取自由開放政策，實行國民待遇原則。但與此同時，存在以下一系列具體的管理制度。

一、國家安全與投資審查

2007年美國《外國投資和國家安全法》（FINSA）修正了《1950年國防生產法》（the Defense Production Act of 1950）的第721條，開始了由美國外國投資委員會（CFIUS）對外國投資進行正式的審查工作。美國外國投資委員會專門監督與評估外國投資，視其對美國國家安全的影響程度，授權進行相關調查，並視情況上報總統就阻止外資併購作出最後決定。

CFIUS審查的標準包括關乎美國經濟的關鍵商品或服務的供給，重要的資源、關鍵技術和基礎設施等等。並且美國外國投資委員會橫跨多個部門，包括經濟顧問委員會、國家經濟委員會在內。如何解釋國家經濟安全，以及對國家經濟安全的審查是否擴大，掌握上富有彈性。

二、證券行業監管

美國證券監管主要基於《1933年證券法》（Securities Act of 1933)，監管證券發行相關的法律問題，而基於《1934年證券交易法》（Securities Exchange Act of 1934)負責證券交易方面的法律監管。公募發行實行註冊制，發行人需要向美國證券交易委員會（SEC)提交註冊表格及申請，獲得批准後即可進行發行，外國投資者與本國投資者在發行上的主要區別在於填寫的申請表格以及後續資訊披露要求有所差異。對私募而言，由於管制較少，外國發行人與本國發行人在發行程序上基本

相同。雖然實行註冊制，但是美國SEC對於註冊材料也會進行比較嚴格的審核，如果不符合SEC的要求同樣不能註冊，所以通過註冊的時間有可能會相對較長。

三、對銀行業的限制

1978年10月，美國歷史上第一部管理外資銀行的聯邦立法——《國際銀行法》（IBA）獲准通過，這標誌著美國對外資銀行監管體系的初步形成。1991年《對外資銀行加強監督法案》確立了互惠性國民待遇，對1978年的《國際銀行法》進行了修訂和補充，對外資銀行進入美國並拓展業務確立了統一的標準，強化了聯邦對外資銀行的監管，外資銀行的業務範圍受到較大限制。

對外國投資銀行業的要求與國內銀行的要求一致，特殊要求體現在市場准入和業務經營兩個方面。就市場准入情況而言，《國際銀行法》授權通貨監理署對來自不同國家或地區的外資銀行註冊提出不同的資本金要求。但是，如果外資銀行在聯邦一級註冊分行或者代理處，須將一定數量的資金以現金或合格證券的方式存放在指定的存款銀行。業務經營過程中對資金的運用有一定的限制。如美國法律規定，不允許外資銀行利用經營之便參與美國政事，或進行與政治有關的（如競選）貸款或投資；也不允許它們吞併、購買美國非銀行公司的股票等。

四、以BIT範本為基礎的負面清單管理制度

BIT範本是美國對外投資的藍本。美國簽署的BIT和FTA都以BIT範本為基礎，對寬泛的投資以負面清單的形式實行准入前國民待遇。但是，為保留一定的政策實施空間，BIT範本在其第14條則規定了不符措施（Non-Conforming Measure），即負面清單措施。該條規定了國民待遇條款、最惠國待遇條款、履行要求條款、高級管理層和董事會條款等不予適用的情況，具體情形需以清單的方式列明。美國的負面清單一般包含三個附件：第一個附件是第一類負面清單，第二個附件是第二類負面清單。第二類負面清單通常只列明設限行業和法律依據，大多以「保

留採取或維持任何措施的權力」來表述，最大程度地擴展了締約國不符措施的範圍。第三個附件是將金融服務的不符措施單獨列出，涉及了金融機構所有權、經營業務許可權和政策待遇等諸多方面。在金融服務負面清單中，根據約束力的不同，也區分了兩種類型的不符措施。

首先，負面清單的內容主要涉及國家安全、經濟安全領域。所涉及的行業可歸納為六個領域：一是自然資源及土地的使用；二是能源；三是海洋及航空運輸；四是廣播及通訊；五是金融、保險及房地產；六是涉及所有行業的水準型限制。這六大領域體現了美國投資保護的基本意向和目的。其中前五個領域都與國家安全緊密相關，而第六個領域則為美國政府對本國產業和企業提供支援性政策預留了空間。並且，美國負面清單不涉及任何一個製造業。此外，範本中還規定了重大安全、金融服務以及稅收等條款，作為對外國投資者國民待遇的例外。

其次，負面清單強調對金融領域的限制，由於美國金融服務國際競爭力較強，近年來，美國簽署的BIT和FTA中，都對金融服務以第三個附件的形式進行單獨規定，追求高標準的自由化。負面清單對金融領域限制的強調表現在：第一，金融服務領域涉及的不符措施最多，並作為一個單獨的附件列出；第二，金融服務領域的不符措施涉及了金融機構所有權、經營業務許可權和政策待遇等諸多方面。

3.3 不等於人民幣國際化目標實現

人民幣國際化的最終目標是要成長為主要國際貨幣之一，實現與中國經濟和貿易地位相匹配的貨幣地位。但是在當前「一超多元」國際貨幣格局下，人民幣國際化註定要經歷一個漫長而曲折的過程。

人民幣加入SDR貨幣籃子，代表國際貨幣基金組織已認定其為可自由使用貨幣。這大體相當於從官方角度認可了人民幣的國際儲備資產身份，但能否成

為主要國際貨幣之一還必須取決於國際市場上人民幣使用和持有的實際情況。從日圓加入SDR貨幣籃子之後的經驗來看，國際貨幣的「官方身份」未必自然產生「市場地位」。這提醒我們有必要深入研究日圓國際化的歷史經驗和教訓，客觀地看待人民幣執行國際貨幣職能的現狀，並為下一階段人民幣國際化發展提出有益的對策建議。

3.3.1 入籃後日圓「曇花一現」的原因探析

隨著布列敦森林體系的崩潰和固定匯率體系的瓦解，1974年SDR的定值開始轉向一籃子貨幣，初始的貨幣籃子選取的是占全球出口額1%以上的16個國家的相應主權貨幣，日圓也在這個時期首次進入了SDR的框架中。[1]16種主權貨幣組成的貨幣籃子不可避免地使得SDR定值計算的難度遠遠加大，不利於SDR的推廣和發展。最終在1981年，IMF決定將SDR的貨幣籃子限定為五種主要發達國家的貨幣：美元、英鎊、法國法郎、德國馬克和日圓，並且商定每五年對SDR籃子貨幣的權重調整一次，這次決議標誌著日圓成為了真正意義上的國際儲備貨幣（見表3—3）。

表3—3 日圓在SDR框架中的權重變化（％）

	美元	歐元	法國法郎	德國馬克	英鎊	日圓	人民幣
1981—1985	42	—	13	19	13	13	—
1986—1990	42	—	12	19	12	15	—
1991—1995	40	—	11	21	11	17	—
1996—2000	39	—	11	21	11	18	—
2001—2005	45	29	—	—	11	15	—
2006—2010	44	34	—	—	11	11	—
2011—2015	41.9	37.4	—	—	11.3	9.4	—

---

1 1974年的16國貨幣籃子包括美元、德國馬克、日圓、法國法郎、英鎊、義大利里拉、荷蘭盾、加元、比利時法郎、瑞士克朗、澳元、丹麥克朗、西班牙比薩斜塔、挪威克朗、奧地利先令、南非蘭特。1978年IMF對SDR的貨幣組成重新進行了調整，用伊朗里亞爾和沙烏地里亞爾代替了丹麥克朗和南非蘭特。

續前表

	美元	歐元	法國法郎	德國馬克	英鎊	日圓	人民幣
2016—2020	41.73	30.93	—	—	8.33	8.09	10.92

資料來源：IMF.

由表3—3可以看出，日圓在1981年正式入籃後，其國際儲備貨幣職能保持了10年左右的快速發展，在20世紀90年代末達到頂峰後開始下降。在最新的SDR貨幣籃子調整中，日圓權重進一步下降至8.09%的歷史低點。與頂峰時期的18%相比，下降幅度高達55.1%。

日圓入籃後參與全球資產配置的發展軌跡（見附錄1）充分顯示了日圓國際化的興衰過程。日本早已成為世界第二大經濟體和第三貿易大國，可是日圓國際化水準卻在「曇花一現」後走向衰退，今時今日也無人再問津日圓曾經的輝煌。這與日本政府當年的短視和錯誤的國際化思路不無相關。

1. 政策層面的解釋

日本20世紀80年代的大量金融管理機構都衍生於第二次世界大戰之前，所以這些部門在政治和管理方面的工作或協調不同特殊利益主體之間關係方面更加擅長，但是在處理經濟問題時掣肘太多、效率過低。在日圓國際化問題上，日本政府覺醒得太晚。它們沒有抓住日圓加入SDR後最黃金的五年時間。在1980—1985年期間，日本政府對待金融市場開放和日圓國際化過於保守。直到1985年後才有大量政策跟進，而這時日本國內經濟開始出現問題，日圓國際化受到日本國內經濟衰退的拖累，最終走向失敗。

此外，從債券市場來看，相比美國和德國，日本政府債券的流動性較低，1998年底日本債券市場的規模達到423萬億日圓，其中政府債券為280萬億日圓，僅次於美國政府債券的規模，但從圖3—2可以看出，和其他主要G10國家發行的政府債券相比，日圓政府債券的非居民持有率僅為10%，而美國的該指標達到37.5%，這說明雖然日圓債券整體規模發展較快，但是在全球範圍內流動性不足，不利於日圓交易媒介職能的發展。

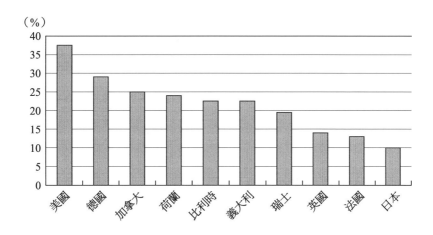

圖3—2　1997年G10國家政府債券非居民持有率

資料來源：日本銀行；Murase, Tetsuji, 2000, "The Internationalization of the Yen：Essential Issues Overlook," Pacific Economic Papers, No.307。

　　造成日本政府債券流動性過低的一個主要原因就是對非居民獲得的利息收入徵收預提稅的差別待遇（Murase，2000）。非居民可以通過三種管道投資日本政府債券：63%通過轉移結算系統、36%通過登記系統、1%通過持有有效債券。如果非居民是通過轉移結算系統投資日本政府債券就可以免除支付預提稅，但若是通過登記系統投資日本政府債券就必須支付預提稅。日本政府債券利息收益預提稅的差別待遇是造成日本政府債券市場難以一體化的主要制約因素，1999年底日本政府才正式廢除預提稅政策。

　　此外，另一個制約日本債券市場流動性的因素就是政府公共部門持有的債券規模過大，並且往往會持有至到期，從而不利於二級市場債券市場化價格形成機制的發展，這使得很多國外投資者在20世紀90年代末開始對日本政府債券投資失去信心，雖然日本政府於1999年取消了預提稅，但是仍然無法激發非居民對本國債券的投資熱情。如表3—4所示，到1997年底，接近50%的日本政府債券是由政府公共部門持有的，其中政府持有36%，日本銀行持有11%；而同期美國和德國政府持有債券比例相對較低，尤其是德國政府持有政府債券比例僅為3%，央行更是完全不持有政府債券，大量的政府債券都被市場參與程度非常

高的金融機構所持有，美國政府持有的政府債券比例雖然為25%，但這部分債券多數為社會福利信託發行的非交易性證券，不會對市場供給和需求產生任何影響。

表3—4 政府債券持有結構（%）

	政府	央行	金融機構	非居民	其他
日本	36.0	11.0	26.0	10.0	17.0
美國	25.0	8.0	11.0	37.5	18.5
德國	3.0	0.0	53.5	29.0	14.5

資料來源：日本財政部；Murase, Tetsuji, 2000, "The Internationalization of the Yen：Essential Issues Overlook," Pacific Economic Papers, No.307。

此外，日本政府也沒能為投資者提供一個債券「連續結算系統」，美國政府發行的債券可以在下一個工作日就進行交割結算，但是日本政府債券一個月只能結算六次，無形中增加了投資者的交易風險（Garber，1996）[1]。

2. 理論層面的解釋

加入SDR貨幣籃子後，日圓的國際結算職能和交易媒介職能發展緩慢，而價值貯藏職能得到快速發展。日圓資產流動性不足，使得日圓計價金融資產在長期資本市場中的表現要強於短期貨幣市場。日圓三種國際職能發展的不平衡性是導致其後日圓國際化失敗的一個重要因素。從1970年到1980年十年間，日圓在日本出口貿易中的結算占比發展迅速，從零發展至40%左右，而從20世紀80年代開始，即使日圓進入了SDR五國貨幣籃子並且日本政府開始大力推動日圓國際結算職能的進程，但是日圓的國際結算職能再沒能突破之前的發展，到

1　Garber, Peter M., "The Use of Yen as a Reserve Currency," *Monetary and Economic Studies*, 1996 December:1-21.

2004年更是從頂點下滑至35%。Kawai（1996）[1]，Frankel and Wei（1994）[2]，Taguchi（1994）[3]，Fukuda and Ji（1994）[4]，Sato（1999）[5]，日本財政部（1999）[6]以及Takatoshi et al.（2010）都對日圓國際結算職能發展滯後的原因進行了深層次的分析，並認為日圓發展滯後主要受六點因素的制約（見表3—5）。

表3—5 制約日圓國際結算職能發展的主要因素

因素1	美元慣性的存在
因素2	缺少日圓和東南亞國家貨幣之間可以進行直接交易的市場
因素3	日本相對較小的金融市場
因素4	東南亞國家貨幣本質上都將美元作為錨貨幣
因素5	日本對美國貿易依存度過高（見圖3—3）
因素6	日本的很多一般性貿易公司擁有大量外幣貸款

1　Kawai, M.,＂The Japanese Yen as an International Currency: Performance and Prospects,＂ *Organization, Performance and Equity Research Monographs in Japan U.S.Business & Economics*, 1996(1): 305-355.

2　Frankel, Jeffrey A.and Wei, Shang-Jin,＂Yen Bloc or Dollar Bloc? Exchange Rate Policies of the East Asian Economies,＂ in Takatoshi Ito and Anne O.Kruger, eds. *Macroeconomic Linkage: Savings, Exchange Rates, and Capital Flows, Chicago:University of Chicago Press*, 1994: 295-329.

3　Taguchi, H.,＂On the Internationalization of the Japanese Yen,＂ in Takatoshi Ito and Anne O. Kruger. eds. *Macroeconomic Linkage: Savings, Exchange Rates, and Capital Flows, Chicago: University of Chicago Press*, 1994: 335-355.

4　Fukuda, S.and Cong, Ji,＂On the Choice of Invoice Currency by Japanese Exporter: The PTM Approach,＂ *Journal of the Japanese and International Economies*, 1994(8): 511-529.

5　Sato, K.,＂The International Use of the Japanese Yen: the Case of Japan's Trade With East Asia,＂ *The World Economy*, 1999, 22(4): 547-584.

6　Ministry of Finance, Council on Foreign Exchange and Other Transactions, *Internationalization of the Yen for the 21st Century—Japan's Response to Changes in Global Economic and Financial Environments*, 1999.

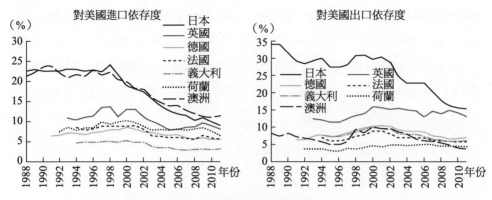

圖3─3 對美國貿易依存度

資料來源：根據UN Comtrade相關資料計算得出。

　　從圖3─3可以看出，日本對美國的貿易依存度遠遠超過其他發達資本主義國家。尤其是出口依存度，在2000年以前20年左右的時間都維持在30%左右的水準。德國對美國的進出口依存度卻都維持在了一個比較低的水準，這也為德國馬克在入籃後迅速崛起創造了良好的外部環境。日本過高的對美依存水準則很大程度上制約了日圓的國際化發展。Fukuda and Cong（1994）使用一般均衡模型對日圓的國際交易媒介職能進行了分析並提出企業是否有動力採用日圓作為結算貨幣取決於利潤函數的形狀，當利潤函數為凹函數時，以本幣進行結算的出口價格和匯率之間的相關性過高，以至於企業面臨的匯率波動風險過大，這種情況下企業會採取進口商所在國貨幣進行計價結算；而當利潤函數為凸函數時，情況則相反，企業會更願意使用本國貨幣進行結算。但是對於不同區域來說，由於對方市場需求曲線的不同會導致出口企業的利潤曲線發生變化，Fukuda and Cong（1994）進一步研究了日本的某些出口產業，如電視、錄影機以及汽車等，這些產業的一個共同特點就是當出口到美國市場時，美元是主導結算貨幣，而當出口到東南亞國家時，日圓結算占據了主導地位。相應地，企業在這兩個市場的利潤函數形狀也發生了改變，當這些產品出口到美國時，企業的利潤函數是凹函數，而當這些產品出口到東南亞市場時，企業的利潤函數變為凸函數。Sato（1999）對日本半導體元件出口產業的研究結果再次驗證了

Fukuda and Cong（1994）的結論，他認為日本擴大積體電路元件的出口份額是造成日圓結算比重下降的一個重要原因。

從局部均衡模型和一般均衡模型可以推出影響企業結算貨幣選擇的因素主要有：匯率波動、出口產品差異程度、市場規模、國家經濟規模以及貨幣供給穩定程度。Oi et al.（2003）的研究發現，20世紀90年代的日本貨幣供給相比其他國家是比較穩定的，但是日圓的使用份額仍然有限，並沒有明顯上升，所以貨幣供給這個指標在分析日圓結算份額方面並不適用。[1]雖然通過模型和資料證明國家規模是重要因素，但日本卻是個特例。日本在20世紀70年代起就是世界第二大經濟體，但是其本國貿易中以日圓進行結算的比重卻相對較低。因此，下面的分析更多聚焦在匯率波動和產品差異性這兩個因素上。

（1）匯率波動與結算貨幣策略選擇。

企業在選擇結算貨幣時，會將本國貨幣與進口國貨幣匯率的波動程度和進口國貨幣與第三國貨幣之間匯率的波動程度進行對比，如果後者小於前者，則企業會採用第三國貨幣進行計價結算。由圖3—4可以看出，日圓和義大利里拉相對於美元來說波動幅度最大，所以，在這兩個國家中以本幣進行跨境貿易結算的比重就相對較低，而以美元進行結算的比重較高。德國馬克是當時幾種主要國際貨幣中相對美元波動幅度最小的貨幣，所以從圖3—4也可以推出幣值穩定為德國馬克在20世紀八九十年代的迅速崛起打下了良好的基礎。

1　Oi, Hiroyuki, Otani, kira and Toyoichiro Shirota, "The Choice of Invoice Currency in International Trade: Implications for the Internationalization of the Yen," *Monetary and Economic Studies*, 2003（October）: 27-64.

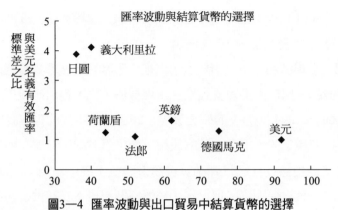

圖3—4　匯率波動與出口貿易中結算貨幣的選擇

注：圖中名義有效匯率標準差的計算區間為1991年1月—1995年12月。

資料來源：Bekx（1998）；CEIC資料庫。

（2）產品差異性與結算貨幣策略選擇。

產品差異性是新開放經濟宏觀經濟學的一個重點關注因素，很多研究都是從產品差異性角度來解釋日圓國際化的失敗，如Hamada and Horiuchi（1987）[1]，Tavlas and Ozeki（1992），Iwami and Sato（1996）[2]，Hooper et al.（1998）[3]，Hummels（1999）[4]，Oi et al.（2003），Bacchetta and Wincoop（2002）[5]以及Fukuda and Ono（2006）[6]等。Hamada and Horiuchi（1987）分析了一份1984年對日本主要進出口企業的問卷調查，最後他們得出結論：企業不願意使用日圓進行結算的一個主要原因就是來自國際市場的競爭壓力過大。日本的產品總體來說和其國際競爭者相比同質性太強，Hooper et al.（1998）

1　Hamada, K.and A.Horiuchi, "The Political Economy of the Financial Market," in Kozo Yamamura and Yasukichi Yasuba, eds., *The Political Economy of Japan, The Domestic Transformation. Stanford University Press*, Vol.1, 1987.

2　Iwami, T.and Sato, K., "The Internationalization of the Yen: With an Emphasis on East Asia," *International Journal of Social Economics,* 1996（23）：192-208.

3　Hooper, P., Johnson, K.and Marquez, J., "Trade Elasticities for G-7 Countries," *International Finance Discussion Papers*, No.609, 1998.

4　Hummels, D., "Toward a Geography of Trade Costs," mimeo, University of Chicago, 1999.

5　Bacchetta, Philippe and Van Wincoop, Eric, "A Theory of Currency Denomination of International Trade," ECB Working Paper, No.177, 2002.

6　Fukuda, S., Ono, M., "On the Determinants of Exporters' Currency Pricing: History vs. Expectations," NBER Working Paper, No.12432, August, 2006.

發現日本的出口價格彈性高於其他主要工業國家，也就是說，日本產品的差異程度太低。同時他們的實證還表明日本的產品替代彈性也是這些國家中最高的。Iwami and Sato（1996）發現日本的出口企業過度依賴美國市場，為保證出口增長，日本的企業不得不採用美元進行計價結算。Oi et al.（2003）的研究發現，在汽車等產品差異化程度較高的產品中，以日圓進行結算的比重明顯高於日本跨境貿易結算的平均水準。1998年日本對美國的出口貿易中以日圓進行結算的比重低於20%，但是在日本對東南亞國家的出口中，以日圓進行結算的比重卻相對較高，超過50%。Oi et al.（2003）對日本出口東南亞國家的產品類別進行了研究，發現市場份額占主導的產品更傾向於用日圓進行結算，如食品、通用機械、交通運輸設備以及精密儀器（見表3—6）。

雖然日本在對美國等發達國家的出口中日圓計價比重較低，但是在日本對東南亞國家的出口中，日圓在一些產品差異化比較高的產業中還是可以占據主導地位的。圖3—5顯示出口價格彈性和日圓在出口貿易結算中的占比呈現出明顯的負相關關係。對於出口價格彈性較大的產業，如化工產品、金屬及礦產品等，以日圓進行結算的比重就相對較低，而對於交通運輸設備、精密儀器等出口價格彈性相對較低的產業，以日圓進行結算的比重明顯高於其他產業，在交通運輸設備產業中甚至超過80%。

表3—6 日本對東南亞國家的出口中以本幣計價的比重（%）

	1993年	1994年	1995年	1996年	1997年
所有產品	52.0	47.2	44.1	45.5	48.4
食品	52.5	63.8	67.7	65.8	59.2
紡織品	29.5	26.3	28.4	31.0	28.2
化工產品	23.6	19.2	20.7	22.0	29.8
非金屬礦產品	37.6	28.9	24.9	34.8	53.1
金屬及礦產品	20.1	17.9	17.5	21.5	23.2
通用機械	69.0	66.8	59.9	59.7	59.7
電子機械	41.8	37.0	39.7	37.9	42.7

	1993年	1994年	1995年	1996年	1997年
交通運輸設備	78.4	71.5	58.5	72.3	81.3
精密儀器	79.0	71.6	59.3	49.5	61.5
其他	34.1	32.8	32.6	37.2	40.3

資料來源：World Bank.

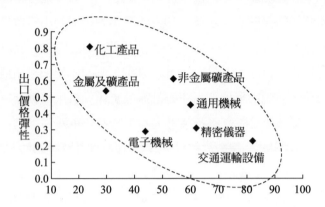

圖3—5　出口價格彈性與出口貿易中結算貨幣的選擇

資料來源：Bekx（1998），Oi et al.（2003），CEIC資料庫。

3. 國際貨幣競爭博弈視角的解釋

　　日圓加入SDR後，成為國際儲備貨幣的主要競爭者之一。遏制日圓等主要競爭貨幣的國際化發展，是美元國際化道路上的重要防守理念。

　　日本在成為世界第二大經濟強國之後，逐漸也開始具備強大的金融實力。具體表現有以下幾個方面：（1）日本成為世界上最大的債權國，擁有海外資產總額高達20 352億美元。（2）日本跨國企業在全球商業體系中競爭力大幅提升，超過120家日本公司躋身《財富》500強，亞洲前30名幾乎都是日本企業。（3）日本金融機構躋身全球頂尖行業。20世紀80年代末，全球十大商業銀行都是日本銀行。1990年，日本銀行占美國全部銀行資產（貸款）的比例達到13%。日本銀行貸款占加利福尼亞州全部貸款的四分之一。（4）日本投資銀行迅速崛起，在傳統的承銷、收購兼併、交易業務等方面積極與美國投行競爭。（5）日本房地產和股市瘋狂上漲，史無前例地上演了東京房地產總市值超過

全美國房地產總市值的驚人一幕。（6）憑藉龐大的資本輸出（各種貸款、援助、對外投資等等），日本開始尋求在國際政治、經濟、金融、貨幣領域的發言權。

這些變化足以引起美國的重視。美國對日圓的戰略遏制隨即付諸實施，並很快收到了效果。美國巧妙利用金融貨幣手段，一手導演了令人眼花繚亂的日本泡沫經濟。資產價格泡沫的破滅讓日本銀行和企業債臺高築，壞賬徹底壓垮了日本經濟，迫使日本銀行和企業收縮戰線甚至破產。緊接著，以美國為首的國際清算銀行通過了監管銀行的《巴塞爾協議》，大幅度提高銀行的資本充足率，使得幾乎所有日本銀行不再符合國際監管標準，只好退回國內。1990年1月，日本股市暴跌，到1994年時市值的70％已經煙消雲散；房地產市場陷入了連續14年的長期下跌。從1990年算起，日本經濟衰退已超過20年，亦創造了人類歷史紀錄。日本銀行在國際舞臺上逐漸淡出。日圓占全球儲備貨幣的比例不到3％。

美國遏制戰略無疑在日圓「曇花一現」的國際貨幣競爭史上扮演了關鍵角色。具體來看，美國遏制日圓國際化發展的主要手段有：（1）利用日本經濟對美高度依賴實施打壓政策。以貿易爭端為藉口、以貿易制裁相威脅，始終保持「鞭打日本」（Japan bashing）的高壓態勢。（2）不惜任何努力地隨時阻止日圓成為國際貨幣或區域主導貨幣。美國始終不允許日本占據國際金融機構的主導權。1997年亞洲金融危機期間，日本提出建立「亞洲貨幣基金」，由日本牽頭負責處理亞洲金融危機，遭到美國反對。美國堅持所有國際債務處理必須由IMF牽頭。（3）美國金融機構借助金融工具做空日本資本市場。1990年日本股市崩盤的重要原因，就是高盛公司發明的「日經指數認沽期權」：美國公司首先大量購買認沽權證，隨即全力打壓股市以攫取巨額利潤。（4）美國金融機構積極做多日圓，助推日圓升值預期。積極做多日圓，一方面讓日本銀行的貨幣政策完全受制於國際「熱錢」；另一方面讓日本央行積累大量外匯儲備，形成了大量外匯占款，造成日本國內流動性氾濫，以至於長期無法擺脫流動性陷阱。

3.3.2 人民幣與日圓國際化程度比較

1. 入籃階段執行國際貨幣職能的情況

（1）貿易結算職能比較。

首先考察兩國當時的本幣結算情況。1980年日圓加入SDR時，日圓結算額占日本貿易總額的比重僅為15%。而2015年人民幣結算額占中國貿易總額的比重已經接近30%（見圖3—6），人民幣結算額達到7.23萬億元人民幣，同比增長10.4%。從這些資料可以看出，人民幣貿易結算職能較之入籃初期的日圓更為強大。

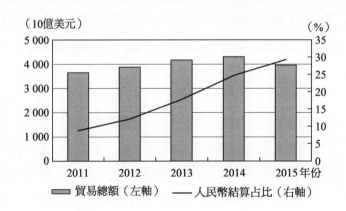

圖3—6　貿易總額及人民幣結算占比

資料來源：中國人民銀行，商務部。

其次考察兩國對外貿易對美國依賴程度和產品差異程度。之前對日本的分析提到，日圓國際結算職能發展滯後主要與其對美國經濟過度依賴以及本國產品差異化程度低有關。

中國對美國的進口依存程度還相對較低，但是從2008年開始中國對美國的出口依存度超過了日本，目前已經達到17%（見圖3—7）。雖然還遠遠低於日本20世紀80年代對美出口依存度水準（接近35%），但美國卻是中國的第一大出口交易夥伴國，意味著中國對美國的出口貿易依存度已經超過其他國家或地區。這說明我國面臨著和日本當年同樣的問題，對美國市場過分依賴可能在一

定程度上會制約人民幣貿易結算職能的發展。

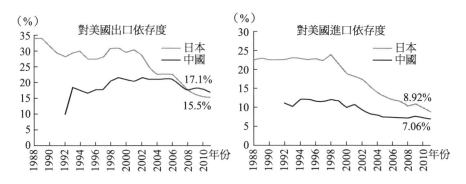

圖3—7　中國和日本對美國貿易依存度對比

資料來源：根據聯合國網站UN Comtrade相關資料計算得出。

表3—7給出了東盟國家對中、日兩國主要進口產品依存度的資料。不難發現，在鞋、帽、傘，雜項製品，紡織原料及紡織製品，石料、石膏、水泥，生皮、皮革及其製品，木及木製品，機器、機械器具、電氣設備中，東盟國家對中國進口依存度均超過20%。市場份額雖然可觀，但是這其中除了機械產品以外，其他都相對技術含量較低、產品可替代程度較高。而東盟國家對日本的主要進口產品中，賤金屬及其製品，車輛、航空器、船，光學、照相、精密儀器，機器、機械器具、電氣設備，石料、石膏、水泥等都相對技術含量較高，且產品差異程度高。

表3—7　東盟對中日兩國主要進口產品依存度比較（2011年）

排序	中國		日本	
	HS類別[a]	依存度（%）[b]	HS類別	依存度（%）[c]
1	鞋、帽、傘	52.28（1.01）	賤金屬及其製品	22.80（15.63）
2	雜項製品	40.63（10.10）	車輛、航空器、船	21.28（6.75）
3	紡織原料及紡織製品	31.73（4.86）	特殊交易品及未分類商品	19.41（4.65）
4	石料、石膏、水泥	27.70（17.37）	光學、照相、精密儀器	18.81（11.05）
5	生皮、皮革及其製品	25.67（1.88）	石料、石膏、水泥	17.37（27.70）

排序	中國		日本	
	HS類別[a]	依存度（%）[b]	HS類別	依存度（%）[c]
6	木及木製品	21.49（1.63）	塑膠及其製品	16.12（10.08）
7	機器、機械器具、電氣設備	20.09（14.81）	機器、機械器具、電氣設備	14.81（20.09）
8	賤金屬及其製品	15.63（22.80）	天然或養殖珍珠、寶石	12.37（2.26）
9	化學工業及相關工業的產品	13.28（9.81）	藝術品、收藏品及古物	10.51（6.96）
10	植物產品	12.51（0.44）	雜項製品	10.10（40.63）

注：a.根據海關合作理事會HS2000編碼對國際貿易產品進行的分類；

　　b.括弧內為該類產品對日本的進口依存度；

　　c.括弧內為該類產品對中國的進口依存度。

資料來源：根據聯合國網站UN Comtrade相關資料計算得出。

值得注意的是，2008年日本對亞洲國家貿易的日圓結算比重已經接近50%。2012年中國對亞洲國家貿易的人民幣結算比重大約為24%，與主要國際貨幣發行國的本幣貿易結算水準比起來還相對較低。

目前來看，制約人民幣國際結算職能發展的最主要因素應該就是中國製造品的產品差異程度低。產品差異程度低會導致出口價格彈性過大，從而降低了企業的議價能力。但如果著眼於長遠，隨著「一帶一路」沿線貿易活動的開展，相信人民幣貿易結算職能還將有很大的成長空間。

（2）金融交易及儲備職能比較。

2014年中國債券市場共發行人民幣債券11萬億元，同比增長22.3%。根據國際清算銀行的資料，截至2014年年末，以人民幣標價的國際債券餘額為5 351.18億元，全球占比為0.45%。其中境外機構在離岸市場上發行的人民幣債券餘額5 304.8億元，在中國境內發行的熊貓債券餘額46.3億元。從資料上看，人民幣債券在全球金融市場的資產配置中影響力還非常有限。

相比之下，日圓在國際債券市場的表現顯然更為突出。早在加入SDR貨幣籃子之前，日圓在國際債券市場中的份額就已經達到4.8%；1985年日圓份額已達到9.1%。從這個角度來看，人民幣加入SDR階段在國際債券市場上的發展要弱於日圓。國際金融市場上的人民幣交易比重能否穩定提高，將是決定未來人

民幣國際化進程的關鍵因素。

截至2015年年底，中國人民銀行與34個國家和地區的中央銀行或貨幣當局簽署了雙邊本幣互換協議，協議總規模約為3.255萬億元人民幣。且雙邊本幣互換協議的實質性作用明顯增強。2014年，境外中央銀行或貨幣當局發起本幣互換交易金額共計1.1萬億元人民幣，動用人民幣金額共計380億元。截至2014年年末，境外中央銀行或貨幣當局發起本幣互換交易金額約2.3萬億元人民幣，動用人民幣金額共計807億元；中國人民銀行發起本幣互換交易折合人民幣共計41億元，動用對方貨幣折合人民幣共計15.8億元。[1] 如果將雙邊本幣互換協議看作其他國家的人民幣外匯儲備額，則截至2015年年底，人民幣外匯儲備額換算成美元是5 227.1億美元。[2] 根據IMF統計資料，2015年第三季度全球外匯儲備總額為112 033.57億美元。那麼，大體可以估算2015年人民幣外匯儲備額占全球外匯儲備額的比重約為4.67%。

20世紀80年代加入SDR貨幣籃子時，日圓占全球外匯儲備的比重是4.2%。目前該比重下滑到3.78%。可以認為，在加入SDR階段，人民幣與日圓的國際儲備職能大致相當。一般來說，國際貨幣的金融交易職能和儲備職能高度相關。因此，隨著人民幣在國際金融市場的影響力逐漸提高，其在全球官方外匯儲備中的份額也將相應上升。

2. 對東南亞主要國家貨幣匯率的影響力

中國和日本的地理位置接近，對外經濟、貿易、金融活動所覆蓋的區域也有極大的交叉。人民幣和日圓的國際貨幣競爭也同樣表現在對區域核心貨幣地位的爭奪上。

下面我們選擇新加坡、泰國、菲律賓和印尼等四個東南亞主要國家作為研究對象，構建匯率內在形成機制決定模型，估算每一種區域核心貨幣對目標貨幣匯率內在價值的影響權重，並以此作為判斷區域核心貨幣地位的依據。

1　參見《人民幣國際化報告（2015）》，北京，中國人民大學出版社，2015。
2　這裡採用的2015年人民幣兌美元匯率來自中國人民銀行：《2015年統計數據》。

我們使用Frankel and Wei（2007，2008）[1]，Frankel（2009）[2]，Ma and McCauley（2010）[3]以及Fang et al.（2012）[4]的匯率內在形成機制決定模型。設定基準貨幣為SDR，假設影響四國貨幣匯率內在價值的核心貨幣有：美元、德國馬克（1999年後為歐元）、英鎊、日圓和人民幣。具體模型如下：

$$\Delta \log TC_{i,t} = c_i + \alpha_i \Delta \log SDR_t + \sum_{j=1}^{5} \beta_{j,i} \left[\Delta \log X_{j,i,t} \right] + u_{i,t} \quad （3—1）$$

式中，$TC_{i,t}$代表目標貨幣i，c_i是目標貨幣i方程中一個代表截距項的常數，$X_{j,i,t}$代表決定目標貨幣i匯率內在價值核心貨幣組合中的第j個主要貨幣，β_j，i是相應貨幣j在決定目標貨幣i匯率內在價值中的權重。此外，本章假定$\alpha_i =$ $1 - \beta_{1,i} - \beta_{2,i} - \beta_{3,i} - \beta_{4,i} - \beta_{5,i}$，則式（3—1）可進一步轉化為：

$$\Delta \log TC_{i,t} - \Delta \log SDR_t = c + \sum_{j=1}^{5} \beta_{j,i} \left[\Delta \log X_{j,i,t} - \Delta \log SDR_t \right] + u_{i,t}$$

$$\Delta \log \left(\frac{TC_i}{SDR} \right)_{t,n} = c_{i,n} + \sum_{j=1}^{5} \beta_{j,i,n} \Delta \log \left(\frac{X_{j,i}}{SDR} \right)_{t,n} + u_{i,t,n} \quad （3—2）$$

假定X_j分別表示美元、歐元、英鎊、日圓以及人民幣。採用目標貨幣對SDR的匯率值在t期與$t-1$期的對數差分作為模型中的被解釋變數，主要是為了消除目標貨幣匯率時間序列資料中可能存在的非平穩性。匯率的內在決定機制存在時變性的特點。為了反映出時變性特徵，Frankel and Wei（2007）將整體樣本以四年為一個時間段劃分為等時段的N個子樣本，然後分別進行模型（3—2）的回歸，從而得到相應的N個不同時間段的估計值。為了更加準確和

1　Frankel, Jeffrey A.and Shang J.Wei，"Assessing China's Exchange Rate Regime，" NBER Working Paper, No.13100, 2007; Frankel, Jeffrey A. and Shang J.Wei，"Estimation of de Facto Exchange Rate Regimes: Synthesis of the Technique for Inferring Flexibility and Basket Weights，" NBER Working Paper, No.14016, 2008.

2　Frankel, Jeffrey A.，"New Estimation of China's Exchange Rate Regime，" NBER Working Paper, No.14700, 2009.

3　Ma, G.and Robert N. McCauley，"The Evolving Renminbi Regime and Implications for Asian Currency Stability，" BIS Working Paper, No.321, 2010.

4　Fang, Y., Shi C.Huang, and L.Niu，"De Facto Currency Baskets of China and East Asian Economies: The Rising Weights，" BOFIT Discussion Paper, No.2, 2012.

系統地反映權重係數的時變性結構，我們在模型估算中均採用一年為一個子樣本，利用各貨幣匯率的日資料得到核心貨幣組合中主要貨幣每年對目標貨幣 i 匯率內在價值的影響權重。則模型（3—2）中 Δ 為差分運算元，$(TC_i/SDR)_{t,n}$ 表示目標貨幣 i 第 n 年第 t 天對SDR的匯率值，相應地，$\beta_{j,i,n}$ 代表影響目標貨幣 i 匯率內在價值的第 j 種貨幣第 n 年的影響權重。

　　資料選取區間為1982年1月1日至2012年12月31日各目標貨幣對SDR的日資料。由於我們將對每年的日資料分別建模分析，故最終通過模型估算各國貨幣會得到31年核心貨幣組合的權重變化。所有匯率資料均來源於Bloomberg資料庫。模型估計結果見表3—8：

表3—8　決定目標貨幣匯率內在價值的核心貨幣權重（％）

	1982	1985	1988	1989	1992	1993	1994	1995	1996	2006	2007	2008	2009	2010	2011	2012
新加坡元																
USD	87.2	89.6	91.3	98.7	91.7	51.6	61.2	33.4	70.3	44.9	34.4	40.9	53.1	48.5	26.8	30.8
RMB	—	3.0	—	—	—	—	—	—	—	16.8	31.2	19.1	28.9	25.2	44.6	34.9
JPY	5.6	7.4			6.1	4.5	10.3	7.8	8.3	25.1	—	—	—	—	5.8	5.0
R^2	44.0	35.0	78.0	76.0	72.3	62.4	77.5	73.0	66.6	68.3	52.1	55.8	74.8	59.8	67.7	56.3
泰國銖																
USD	99.5	81.3	—	98.1	93.2	84.6	82.7	82.2	81.5	50.7	85.6	70.3	67.7	73.6	55.5	39.1
RMB	0.06	2.3								10.4		14.9	8.1	14.8	21.3	23.4
JPY	0.26	3.7	4.2	—	4.7			3.3		18.8	—			4.9	3.5	4.2
R^2	99.6	20.0	89.0	88.0	83.4	72.4	88.6	72.5	88.8	25.7	13.8	41.1	71.5	62.4	51.3	42.5
菲律賓比索																
USD	N/A	N/A	N/A	N/A	—	—	62.7	99.2	98.5	35.6	−0.8	60.1	57.8	48.8	49.3	29.3
RMB	N/A	N/A	N/A	N/A	—	—	—	—	—	62.6	67.3	19.1	33.7	42.6	28.8	44.5
JPY	N/A	N/A	N/A	N/A	—	—	—	—	—	—	6.9	—	—	—	—	—
R^2	N/A	N/A	N/A	N/A	9.7	10.2	21.9	68.9	95.0	43.9	22.4	31.1	46.0	41.1	37.4	28.9

續前表

	1982	1985	1988	1989	1992	1993	1994	1995	1996	2006	2007	2008	2009	2010	2011	2012
							印尼盾									
USD	N/A	N/A	N/A	N/A	96.6	98.8	—	90.8	98.1	—	—	56.5	49.8	59.4	52.9	77.3
RMB	N/A	N/A	N/A	N/A						64.4	24.0	43.5	36.1	30.0	31.7
JPY	N/A	N/A	N/A	N/A	—	—					6.2	2.9				
R^2	N/A	N/A	N/A	N/A	94.6	90.2	82.9	88.9	70.0	30.1	21.2	16.4	17.4	55.0	27.5	21.9

注：「N/A」代表該年的資料不完整，無法完成統計檢驗;「—」代表該年的權重估計值統計上不顯著。表中的值均是在10%的程度上顯著。

　　從表3—8可以看出，在日圓剛剛加入SDR貨幣籃子時期，東南亞是一個名副其實的美元區。美元是區域唯一核心貨幣。美元兌新加坡元和泰銖的匯率內在價值決定權重一直居高不下，尤其是美元兌泰銖匯率的作用權重平均超過85%。東盟國家對美元的過度依賴制約了日圓在這一期間的區域化發展。1997年亞洲金融危機發生之前，日圓在決定新加坡元匯率內在價值的核心貨幣組合中權重最高僅有8.3%。根據曹彤和趙然（2014）對「多核心貨幣區中核心貨幣」的界定[1]，這時的日圓僅能稱為「區域低度核心貨幣」。經歷了危機洗禮後，亞洲國家普遍意識到為了有效避免系統性金融風險的蔓延，就必須要擺脫對美元的過度依賴，各國對區域內貨幣合作的期望和呼聲都日益增強。泰銖等東南亞貨幣此後更是從過去單一盯住美元的固定匯率體制轉變為有管理的浮動匯率制。因此，至少在東南亞範圍內，近年來的人民幣國際化發展進程中受到來自美元的壓力較20世紀80年代的日圓要小很多。

　　亞洲金融危機發生後至2006年期間，東南亞區域的核心主導貨幣由單一美元轉變為美元、人民幣、日圓共同作用。但是在2006年之後，日本經濟的持續

1　參見曹彤和趙然：《從多核心貨幣區視角看人民幣國際化進程》，載《金融研究》，2014（8）：71-88。「區域非核心貨幣」：0%≤在決定貨幣區主要國家貨幣匯率內在價值核心貨幣組合中的權重＜5%；「區域低度核心貨幣」：5%≤在決定貨幣區主要國家貨幣匯率內在價值核心貨幣組合中的權重＜20%；「區域中度核心貨幣」：20%≤在決定貨幣區主要國家貨幣匯率內在價值核心貨幣組合中的權重＜50%；「區域高度核心貨幣」：50%≤在決定貨幣區主要國家貨幣匯率內在價值核心貨幣組合中的權重＜100%。

低迷和人民幣國際化戰略的強勢推進，使得東南亞各國貨幣匯率決定的核心貨幣結構再次發生變化——人民幣權重加速上升，逐漸取代日圓成為東盟地區僅次於美元的核心主導貨幣。

新加坡是東南亞重要的國際金融中心。2012年美元在決定新加坡元匯率內在價值核心貨幣組合中的權重已經下降至30.8%，而人民幣的權重卻達到34.9%，成為影響新加坡貨幣匯率的「中度核心貨幣」。

美國對菲律賓在經濟、文化各方面的影響都非常深遠。1997年之前菲律賓比索的內在價值基本上完全由美元決定。1997年之後比索的內在價值逐漸與美元脫鉤，2012年美元的權重已經下降至29.3%。伴隨著中國同菲律賓之間經濟、金融的合作日益緊密，人民幣對比索內在價值的影響程度逐漸增大，2012年人民幣的權重已經達到44.5%，遠遠超過了美元，成為影響菲律賓比索內在價值的「中度核心貨幣」。同時，菲律賓比索也成為東盟國家中受人民幣影響程度最大的貨幣。

此外，上述實證分析還得到了一個重要結論，即：人民幣對東南亞國家貨幣匯率內在價值的影響程度顯著超過加入SDR初期的日圓。1982年，日圓在決定新加坡元匯率內在價值核心貨幣組合中的權重僅為5.6%，是低度核心貨幣。而2012年，人民幣在決定東南亞主要國家貨幣匯率內在價值核心貨幣組合中的平均權重已經達到34%，成為整個地區的中度核心貨幣。

無論主觀上一些國家是否承認人民幣的國際地位，客觀上從市場實際表現來看，人民幣在東南亞地區的影響力已經遠遠超過日圓。人民幣已經成為東南亞地區僅次於美元的核心貨幣。

可以認為，人民幣國際化比當時日圓的機會更好，擁有天時、地利、人和等多種有利條件。入籃後只要不發生重大不利事件，人民幣國際化就可避免重蹈日圓覆轍，朝著既定目標穩步前進。

3.3.3 下一階段需要重點解決的幾個問題

1. 提高出口產品差異化程度，鞏固人民幣貿易結算職能

在國際貿易交易中，產品競爭能力越強、出口產品差異化程度越高，企業的議價能力就越強。20世紀80年代德國出口產品的國際競爭力快速提升，產品差異化程度也逐漸提高，這直接助推德國馬克迅速成為了主要國際計價和結算貨幣。直到目前，德國的出口商品都具有很強的競爭能力，產品差異化程度仍然保持在一個很高的水準，這保證了德國的出口企業在國際貿易市場中擁有很強的議價能力和貨幣選擇權。與之形成鮮明對比的是日本，Fukuda and Ono（2006）就提出，日本出口商品國際競爭力的下降直接導致了日圓國際化進程出現倒退。[1]

我國雖然已經是商品貿易第一大國，但貿易結構不合理、產品缺乏競爭優勢、對美國市場依賴程度過高等，都會制約人民幣國際化的進一步發展。過度依賴出口的經濟增長模式是不可持續的，過度依賴外部需求的經濟體也很難維持本國的經濟和幣值穩定。我們應當吸取日圓的經驗教訓，在充分發揮貿易對經濟增長帶動作用的同時，更要積極推動經濟轉型，只有做到內外兼顧，才能讓穩健的經濟增長成為人民幣國際化的根本保障。

2. 拓展人民幣國際債券市場的深度和廣度

國際債券市場是非常重要的國際金融市場之一，是國際金融體系中不可或缺的部分。近年來，國際債券市場的類別結構和幣種結構都發生了顯著變化，而且歐洲債券的發行規模遠遠超過外國債券。

2012年，歐元區在國際債券市場和國際貨幣市場中所占的比例分別為40%與55%，而美國的相應資料僅為26%和7%。歐元區國家在國際債券市場中發行的債券以歐洲歐元債券為主，很大程度上推動了歐元的國際化發展。趙然和伍聰（2016）[2]的研究證明，影響日圓國際計價職能的因素只有日本國際債券市場的發展，日本國際債券市場份額每增加1%會使日圓國際計價職能指數提升約0.99%；而銀行海外本幣業務的拓展並不顯著影響日圓的國際化進程，這主要

1　Fukuda, S.and M.Ono, "On the Determinants of Exporters' Currency Pricing: History vs.Expectations," NBER Working Paper, No.12432, August, 2006.

2　參見趙然、伍聰：《貨幣國際計價職能發展過程中子金融市場的作用》，載《中央財經大學學報》，2016（1）：50-60。

是由日本政府對東京金融市場設置的諸多限制所導致的。[1]

　　隨著日本經濟實力的落寞，其在國際金融市場中融資的能力也有所下降，歐洲日圓債券規模迅速縮減，這是造成日圓國際化程度大幅倒退的主要原因。此外，從日本的經驗可以看出，雖然日圓債券發行規模僅次於美元債券，但是由於接近一半的日圓債券被政府和公共部門持有，極大地影響了二級市場日圓債券市場化定價機制的形成，並且無形中增加了投資者的交易風險，影響了日圓國際債券市場的發展。

　　為更加有效地推動人民幣國際化的發展，應當加大人民幣離岸市場的建設深度與廣度。特別要對非居民發行歐洲人民幣債券放寬限制，包括擴大發行機構、放寬發行條件、放寬數量限制以及擴大主辦銀行的範圍等。

3. 構建人民幣「國際大循環」通道

　　國際貨幣發展的歷史經驗表明，世界主要國際貨幣在國際化進程中都離不開境外離岸市場的發展。據國際清算銀行統計，在2010年，美元和歐元有80%的外匯交易量發生在境外離岸市場，而日圓72%的外匯交易量也是在日本境外的離岸市場中發生的。在這些主要國際貨幣國際化的進程中，離岸金融市場的作用均不可小覷。甚至可以說，如果沒有離岸金融市場的存在，美元國際化就不能達到現在的程度，日圓國際化也不會在20世紀80年代得到快速發展。

　　縱觀歐洲美元等主要國際貨幣的離岸市場，可以看出其最大特點就是能夠形成貨幣資金的自我循環，有充分的投資工具和投資管道能夠滿足市場對貨幣流動性的要求。就這個嚴格的標準來看，香港的人民幣離岸金融市場仍然不夠完善。儘管目前海外人民幣可以在香港進行投資，但是投資管道還比較有限，資本「國際大循環」的通道並沒有完全建立起來。而「國際大循環」通道的完善又是人民幣能夠成為真正意義上國際貨幣的必要條件。

　　資金「國際大循環」機制的構建，需要離岸市場和在岸市場的相互協調並能實現某些特別的政策安排。從離岸市場的角度看，目前應以香港為中心，培

1　由此可見，對銀行海外本幣業務發展的限制也成為制約日圓國際化進程的重要因素。

育人民幣的國際資本市場，從而建立資本項下的人民幣海外循環機制。要在香港聯合交易所發行以人民幣計價的股票和債券。目前，人民幣債券的發行已經沒有制度和技術上的障礙，這就為人民幣股票的發行奠定了基礎。隨著貿易項下跨境結算的迅速發展，以及個人帳戶人民幣匯出入制度的不斷完善，香港市場人民幣流動性不足的問題將會得到緩解。在制度安排上，可重點考慮人民幣RQDII業務的開展，同時也可考慮允許國內證券和基金直接參與香港聯合交易所人民幣品種的封閉交易，從而最大限度地推進香港人民幣資本市場建設。

從更廣闊的視角看，要致力於構建大中華貨幣區，將人民幣周邊化作為階段性的戰略選擇。大中華貨幣區的主要區域必然是大陸、臺灣、香港和澳門。大陸與臺灣簽訂ECFA協議，標誌著兩岸經貿往來進入全新階段。對人民幣與新臺幣做出適當的制度安排，將是除港幣雙聯繫匯率制度之外，大中華貨幣區的又一核心工作。目前，新臺幣已經實現與美元自由浮動，而只要保證人民幣與美元間匯率相對穩定，則新臺幣與人民幣之間的自由兌換並不增加經貿參與方的匯率風險。以中國大陸的經濟實力和外匯儲備來看，完全可以保證對新臺幣的自由兌換。

從政策角度來看，一是要鼓勵地方政府、商業企業去香港發行債券，並允許所募集的人民幣資金流回國內。二是要推進外商人民幣直接投資，指外商投資企業的外方股東以人民幣辦理跨境直接投資。三是發展內地和香港銀行跨境貸款業務。香港人民幣存量不斷增加，人民幣利率相對較低，在風險可控的條件下嘗試發展試點，吸引利用香港的大量低成本資金回流內地。四是允許符合條件的機構在香港募集人民幣資金，開展境內證券投資服務（即小「QFII」），募集資金。

人民幣回流機制的安排為香港和上海提供了很多新的歷史機遇，兩地可以圍繞這條主線根據各自的優勢和需求進行分工與合作，互補互動，以共同推進人民幣的國際化進程。離岸在岸的新格局為：香港建立離岸人民幣市場，上海自貿區建立服務非居民的人民幣市場。兩地在各自培育人民幣國際金融市場的同時，將積極開展更深層次的合作，尤其是在人民幣回流機制的安排上進行協

調，即香港安排人民幣的回流，上海推動人民幣的流出和回流後的去向，進而形成良性循環機制。人民幣在岸市場是以上海股票交易所為中心，推進以人民幣計價的國際版的建設。吸引和推動東盟地區好的金融機構和企業到上海股票交易所發行人民幣計價的股票和債券，也可考慮與香港、新加坡、東京等區域股票交易所建立聯合掛牌機制，可大大減輕上市企業資質審查的壓力。

通過上述兩個機制的建設，建立資本項下人民幣海外輸出機制，一方面可保證海外人民幣資本供給，另一方面又可在上市審批的節奏控制上保證將資本交易的軋差額控制在美元外匯儲備的可控額度內。

第四章

人民幣國際化的宏觀金融風險

　　隨著人民幣國際化進入新的發展階段，中國經濟和金融參與全球市場的程度日益提高，對國內貨幣當局的宏觀金融管理提出了更高的要求。由於國際貿易、國際金融交易和各國官方外匯儲備中的人民幣份額發生了從無到有、由低而高的變化，進而中國的跨境資本流動逐步呈現出不同於以往的全新特徵，使得貨幣當局必須重新考慮宏觀金融政策目標的選擇問題，同時必須高度重視跨境資本流動和政策調整對國內金融風險的誘發機制，全力防範和化解極具破壞性的系統性金融危機。因為開放經濟的經典理論告訴我們，伴隨貨幣國際化水準的逐漸提高，貨幣發行國將不得不在三大宏觀金融政策目標中做出重新選擇；而根據歷史上德國和日本的政策實踐經驗可知，不適當的政策選擇路徑很可能通過跨境資本流動複雜的誘發機制導致國內金融風險情況極度惡化，顯然宏觀金融管理失誤的後果只能是貨幣國際化半途而廢。

　　人民幣國際化戰略的目標遠大，但道路漫長。為了使新階段的人民幣國際化繼續順利發展，當務之急就是審慎進行宏觀金融政策調整，準確識別和監控在此過程中可能出現的宏觀金融風險，並儘早搭建起有效防範系統性金融危機的政策框架。本章首先從經典理論命題和歷史經驗出發，對德國和日本在其貨幣國際化過程中的宏觀金融政策調整及其影響進行深入分析，從中挖掘可諮借鑒的經驗和教訓；其次探討進一步人民幣國際化必須面對的宏觀金融風險表現，當前集中於人民幣匯率波動和匯率管理難題，未來主要是跨境資本流動引

起的系統性風險升高；最後提出要基於國家戰略的視角進行宏觀金融風險管理，並以此助推人民幣國際化最終目標的順利實現。

4.1 國際貨幣發行國的宏觀金融政策選擇

開放經濟體的貨幣當局，總要面對宏觀金融政策目標的選擇問題。各國從實際情況出發，對貨幣政策獨立性、匯率穩定和資本自由流動等政策目標做出取捨，實現不同的政策組合，並根據需要不時加以調整。在貨幣國際化水準逐漸提高的過程中，該國必然面對跨境資本流動的重大變化，迫使貨幣當局必須重新考慮宏觀金融政策目標的選擇問題，對政策組合做出調整。在理論層面上，政策組合的調整路徑當然不是唯一的。但是從歷史經驗看，德國和日本各自選擇的政策調整路徑，對其國內經濟和金融運行產生了迥然不同的深刻影響，而且後來這兩個國家在貨幣國際化的道路上也明顯拉開了差距。

4.1.1 開放經濟的經典理論與政策選擇策略

早在20世紀60年代，羅伯特・蒙代爾就已經發現了跨境資本流動對一國匯率制度選擇和保持貨幣政策獨立性具有重要影響。他明確指出，在資本無法跨境流動的情況下，無論是在固定匯率還是浮動匯率體制之下，貨幣當局都可以很好地保持貨幣政策獨立性並且能有效解決經濟問題；然而當資本完全自由流動時，貨幣政策有效性和獨立性僅僅在浮動匯率體制下才能顯現，在固定匯率體制下其對宏觀經濟的調控完全失效。這就是國際金融領域廣為人知的蒙代爾「不可能三角」理論，即：資本完全自由流動、貨幣政策獨立性和固定匯率制度三者之間只能選擇其二，必須要放棄另一個目標。

蒙代爾認為要同時實現上述三個政策目標理論上也是可行的，但是有一個重要前提就是該國必須要擁有無上限的外匯儲備。但這在現實中是不可能的。一國外匯儲備規模再大也無法和巨量的國際投機資金相比，一旦市場形成自我

實現預期，本幣貶值會一瀉千里，不是外匯儲備所能挽回的。所以，在資本完全自由流動及必須保持貨幣政策獨立性的情況下，固定匯率制度終究還是會崩潰的。

蒙代爾「不可能三角」理論的核心就是強調在資本完全流動的情況下，要保證匯率穩定，本國利率必須與國際利率保持一致。我們可以從無拋補理論平價（Uncovered Interest Parity，UIP）的角度來對這個問題進行分析：

$$R - R* = \frac{S^e_{+1} - S}{S} \qquad\qquad (4—1)$$

式中，假設S的匯率標價形式為直接標價法，則R代表本國利率水準，$R*$代表外國利率水準。UIP告訴我們：只有當兩國利率水準同預期匯率變動值相等的時候，市場套利行為才會停止，否則市場就會一直存在套利的可能。

如果一國採用固定匯率體制，並且允許資本項下的自由可兌換，只要其本國利率水準R和$R*$不相等，資本本身的逐利特性就會造成資本的流進或流出。以本國利率高於外國利率水準為例，息差使得市場中出現套利機會，從而吸引國外資本大量流入。正常情況下，資本的大量流入會使得本國貨幣面臨一定的升值壓力。然而在固定匯率體制下，為保證匯率的穩定，本國中央銀行被迫必須對外匯市場進行干預，買入外幣，賣出本幣。基礎貨幣的增加會通過貨幣乘數造成整個市場貨幣存量的增加，從而使得本幣利率面臨下行的壓力。在這種情況下，中央銀行事實上已經喪失了貨幣政策的獨立性。

數十年後，保羅‧克魯格曼對蒙代爾「不可能三角」理論進行了拓展。他結合1997年亞洲金融危機的形成機理提出「三元悖論」假說，進一步高度概括了開放經濟體三大宏觀金融政策目標之間的內在關係。圖4—1為克魯格曼理論觀點的角點圖，其中灰色區域就是「三元悖論」的直觀表示，即：該區域的三個角點——資本自由流動、貨幣政策獨立和固定匯率——之間只能「三者選其二」。

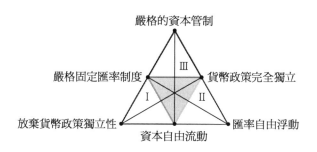

圖4—1 「三元悖論」角點圖

　　根據「三元悖論」的假說，開放經濟體貨幣當局的政策選擇策略包括了以下三種：

　　策略Ⅰ：放開資本帳戶，允許資本自由流動並保持匯率穩定，但必須放棄貨幣政策的獨立性。通過對UIP的分析可以看出，固定匯率體制下，資本的自由流動將倒逼中央銀行對外匯市場進行干預，並最終影響貨幣供應量和市場利率水準，使得本國市場利率水準逐漸趨近於外部利率，本國貨幣政策喪失獨立性。比如說香港，香港是小型開放自由經濟體，資本可以自由進出，在貨幣政策獨立性和固定匯率體制之間，香港選擇了後者。即：嚴格的貨幣局制度，港幣同美元之間長期保持1美元兌換7.8港幣的水準，同時香港的貨幣政策也必須完全追隨美聯儲，不能自主決定市場利率。

　　策略Ⅱ：放開資本帳戶，允許資本自由流動並保持貨幣政策的獨立性，但必須放棄固定匯率體制，允許匯率浮動。當資本可以自由進出時，利率變化必然會造成資本的大量流動，資本流動對匯率產生的壓力可以通過匯率的自我調節而逐漸釋放，並不會影響本國基礎貨幣的總體規模，從而不會對市場整體貨幣存量造成影響，因而其可以保持貨幣政策的獨立性。一般發達經濟體多採用該項策略安排，如美國是全球資本帳戶自由化程度最高的國家之一，同時美元作為最主要的國際貨幣要求美聯儲必須擁有貨幣政策的自主權，從而美元匯率必須浮動。

策略Ⅲ：維持匯率穩定並保持貨幣政策的獨立性，但必須放棄資本自由流動，實施嚴格的資本管制。如前所述，蒙代爾「不可能三角」理論是基於資本帳戶開放所提出的，克魯格曼對這一理論的拓展工作主要體現在對資本管制情形下的策略選擇。即：資本管制可以保證一國同時自主決定本國利率水準並同時維持匯率穩定，資本管制可以通過犧牲資本的流動性來人為地消除影響匯率和利率波動的各種經濟因素。比如改革開放之初，中國在很長一段時間裡就是通過嚴格的資本管制保證了匯率的穩定和貨幣政策的獨立性。該策略是中國經濟得以長期快速發展的重要制度保障，為中國贏得了寶貴的穩定發展空間，很大程度上抵禦了外部金融市場對我國的衝擊。

然而，隨著中國經濟對外開放程度的不斷提高和人民幣國際化程度的加深，我國在經濟和金融領域與全球市場的聯繫已經越來越緊密。在此情形下，貨幣管理當局有必要審慎考慮對宏觀金融政策組合進行適當調整。作為全球第二大經濟體，中國的經濟規模龐大，不可能完全放棄本國貨幣政策自主權——這意味著未來政策調整時策略Ⅰ已經被排除。那麼，是否應當採取策略Ⅱ？以何種方式向策略Ⅱ演進？怎樣確定政策調整時機以及如何管理政策調整過程中出現的宏觀金融風險？國際金融經典理論對此沒有給出直接答案，但在本幣國際化進程中曾經與中國面對相同問題的德國和日本卻提供了不同的政策實踐經驗，其所具有的借鑒意義和參考價值都彌足珍貴。

4.1.2 德國和日本的歷史經驗及其啟示

第二次世界大戰後，德國和日本所面臨的國內外環境非常類似，可以說兩個國家都是從廢墟上開始重建的。兩國經濟和金融市場的崛起幾乎是同步的，但是由於在開放過程中宏觀金融政策選擇上的差別處理，導致兩國貨幣國際化成果大相徑庭。以在全球官方外匯儲備中的份額為例，德國馬克從1973年不到2%穩步上升至歐元誕生之前的13%；日圓卻像坐過山車一般，從20世紀70年代初的0.5%提高到1991年的巔峰水準8.5%，但隨後即快速下滑，到2015年底已回落到4.8%。

1. 德國經驗

20世紀50—90年代，隨著經濟對外開放程度不斷提高，德國選擇的宏觀金融政策組合幾經變化。根據「三元悖論」假說推導得出的政策組合策略，可將德國在這段時期的政策選擇大致劃分為以下三個階段：

第一階段（20世紀50—60年代）：選擇策略Ⅰ，資本帳戶管理從放開資本流出到放開資本流入，從完全封閉走向基本開放。這期間德國經濟增長迅速，工業生產也從戰後的蕭條中逐漸恢復，同時大量的國際資本開始從美國流向歐洲國家，造成德國長期保持了經常帳戶和資本帳戶的雙順差，對德國馬克對外幣值穩定和國內通貨膨脹都帶來了不小的壓力。為了緩解壓力，德國首先開始放開對資本流出的管制。1952年放鬆居民對外直接投資的限制，1956年開始批准居民購買外國證券，1957年德國宣佈實現資本項下完全可兌換。至此，居民對外輸出資本不再需要管理當局的審批。隨後，德國開始逐步放開對資本流入的限制。1958年7月，德國開始允許非居民在德國境內開展投資，到1959年，德國完全取消了對資本流入的管制。可以看出這個階段，德國在名義上基本實現了資本帳戶開放。但是由於布列敦森林體系實行固定匯率制度，伴隨著資本帳戶的全面開放，德國逐漸喪失了貨幣政策的獨立性。因為一旦國內利率高於外部市場，就會有大量國際資本湧入，給德國馬克對外幣值穩定帶來威脅，所以德國貨幣政策不得不與中心貨幣發行國保持一致。

第二階段（20世紀60—70年代）：重啟資本管制，以策略Ⅲ力保貨幣政策獨立性，短期資本流動管理經歷反覆多次調整，逐漸向策略Ⅱ過渡。大量歷史資料表明，1968年末到1969年初不到半年的時間裡，全球外匯市場瘋狂追捧德國馬克，幾乎到了不可思議的地步，曾經迫使德國不得不臨時關閉外匯交易市場。[1]德國馬克的「突然崛起」似乎很難用傳統經濟學理論來解釋，但卻有著國際經濟金融形勢劇烈變化的現實背景。20世紀60年代末開始，連續爆發了三次美元危機。這嚴重影響了美元作為「雙掛鉤」匯率體系中心貨幣和國際清償

1　Gray, W.Glenn, "Number One in Europe: The Startling Emergence of the Deutsche Mark, 1968-1969," *Central European History,* Vol.39, No.1, 2006, pp.56－78.

手段的聲譽和地位，國際金融市場亟須尋找新的支撐點——德國馬克就在這種情況下脫穎而出。

但是從20世紀60年代末到70年代初這段時間，在策略Ⅰ的政策組合下，德國政策利率走勢與美國高度一致（見圖4—2），徹底喪失了貨幣政策的獨立性。這無疑讓德國中央銀行承受了巨大壓力。於是，從60年代末開始，德意志聯邦銀行重新規劃宏觀金融政策選擇，決定分三步走，確保實現貨幣政策的獨立性。第一步，放棄策略Ⅰ，重啟資本管制，採取策略Ⅲ以穩定國內金融市場。第二步，允許馬克自由浮動，開始向策略Ⅱ傾斜。第三步，再次放開資本帳戶，並完全實現策略Ⅱ。

具體措施包括：1968年12月開始重新對資本帳戶進行管理，為了控制資本流入，對德國商業銀行新增對外負債提出了100%「特定法定準備金率」的要求。1969年9月，德國決定不再干預市場來維持4馬克/美元的官方固定匯率；同年10月，德意志聯邦銀行再次重估馬克，官方匯率變為3.66馬克/美元，馬克升值9.3%。在馬克匯率重估後，又取消了對德國銀行新增對外負債「特別法定準備金率」的要求。

值得注意的是，在做出了不再維繫馬克固定匯率的決定之後，德國並沒有一步到位地徹底轉向策略Ⅱ。由於不希望德國馬克出現快速大幅的升值，從而對德國的經濟競爭力造成衝擊，因此，20世紀70年代後德國政府對資本帳戶管理的態度經歷了「限制—放鬆—再限制—再放鬆」的多輪反覆，特別是針對短期投機資本流入，不惜動用特別法定準備金率和現金存款要求來加強政策力度。比如：1970年4月，對德國銀行新增對外負債再次提出30%特別法定準備金率的要求。1971年5月，重新禁止對非居民的銀行存款支付利息，禁止非居民購買德國的貨幣市場產品。1972年3月，德國將特別法定準備金率提高至40%，同年6月，要求非居民購買德國固定收益證券時必須預先報批。1972年7月，將現金存款要求和法定準備金率全部提高至50%。1973年6月，再次提高特別法定準備金率和現金存款要求。不僅如此，當間接資本管制措施效果不明顯時，德國還採取了更加嚴格的直接資本管制措施。比如，1973年2月，將非居民購買

德國固定收益證券必須預先報批的範圍擴大到包括所有類型信用工具，以及購買股票、互助基金和借款（超過50 000德國馬克）。

第三階段（20世紀80年代以後）：完全實現策略Ⅱ，資本帳戶完全開放。20世紀70年代歐共體建立了「歐洲貨幣體系」，德國馬克毫無疑問地成為了該貨幣體系中的核心貨幣。此時的德國馬克已經成為真正意義上的主流國際貨幣。而且，經歷了10年的不斷調整，馬克匯率已經成功完成從固定匯率制到浮動匯率制的轉變。德國金融機構和企業的國際化程度明顯提高，應對國際金融市場衝擊的能力大大增強。

在此背景下，1981年起德國逐步走向全面放開資本管制。首先放開了對資本流入的限制，逐步取消對非居民投資國內證券業務的限制。1984年雙向資本流動全面放開，至此德國完成了資本帳戶由放開到反覆調整再到完全開放的全部過程，也標誌著德國順利實現了宏觀金融政策組合由策略Ⅲ到策略Ⅱ的過渡。最重要的是，德國的貨幣政策保持了充分的獨立性。當本國出現通貨膨脹時，可以不用依附於外部干擾，而通過本國的貨幣政策進行調整。

可以說，德國馬克是先實現了國際化，然後德國才完全開放了資本帳戶。德國對於匯率和貨幣政策的穩定一直有著近乎偏執的追求。為了實現穩定，德國可以犧牲大量的外匯儲備，可以容忍金融市場的緩慢發展。與其他西方國家相比，直到20世紀90年代初，德國在現代金融工具應用方面還屬於發展中國家。這一時期德國資本市場的規模不僅遠遠落後於美國和英國，甚至還落後於法國等歐陸國家。但是穩定的經濟成長和金融發展，為德國贏得了工業核心競爭力提升的黃金時期，也為德國應對德國馬克國際化後出現的各種金融市場波動準備好了充足的技術手段和政策工具。而德國金融市場發展也後來居上，法蘭克福是全球最重要的國際金融中心之一。

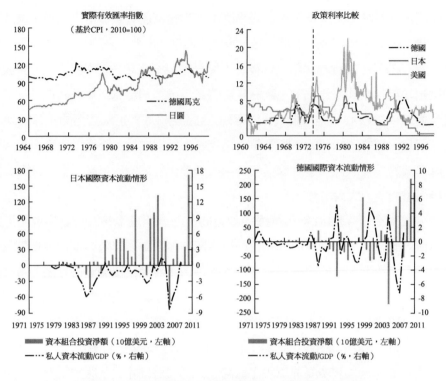

圖4─2　貨幣國際化與經濟指標變動：德國和日本經驗

資料來源：CEIC.

2. 日本經驗

日本在貨幣國際化進程中的宏觀金融政策選擇相比之下比較激進。從20世紀60年代開始就直接選擇策略Ⅱ，允許日圓匯率浮動並逐漸開放資本帳戶。由於對貨幣國際化提高過程中國際資本衝擊的影響缺乏必要準備，使得日圓國際化陷入了「曇花一現」的尷尬境地。日本實現策略Ⅱ的過程大致也可以劃分為三個階段：

第一階段（20世紀60─70年代）：允許匯率自由浮動，放開直接投資，降低證券投資限制。1964年，日本放開了經常帳戶，並簽訂《關於經常性非貿易自由化協議》和《關於資本移動自由化協議》，同年還修改了《外資法》，放開外商對日直接投資，標誌著日本開始了資本項下可兌換進程。從1967年到

1976年不到10年時間內，日本政府先後出臺了5個政策，逐步取消外商直接投資的行業限制，至1973年日本96%的行業實現了對外開放。1971年布列敦森林體系崩潰，國際貨幣體系進入牙買加時代。1972年，日本宣佈日圓結束同美元之間的固定匯率，進入浮動匯率制度。雖然設定了2.5%的匯率浮動區間，但是伴隨著國際資本的大規模流動，日本政府最終未能成功穩定住日圓匯率，日圓進入快速升值通道。同年5月，日本廢除外匯集中制度，允許居民與非居民持有外部存款。為了應對經常帳戶順差的下降，日本政府再次降低對資本流入的限制，取消非居民購買境內證券的限制，降低非居民日圓帳戶存款準備金率，並對外國機構投資者開放債券回購市場。從圖4—2可以看出，這個時期日本貨幣政策受美聯儲的干擾程度明顯低於德國，貨幣政策獨立性更強。但是日圓匯率的快速升值，造成日本經常帳戶差額的波動性增加。這在一定程度上傷害了日本的實體經濟。

第二階段（20世紀80年代）：大力推動金融自由化，基本實現資本項下可兌換。1980年12月，日本宣佈實施新外匯法《外匯及對外貿易管理法》，將原先的「原則禁止，例外許可」改為「原則自由，例外控制」，並且規定居民在國家許可的指定商業銀行和證券公司，可以自由交易外匯資產，同時廢除外國政府日圓帳戶上限，實現居民外幣存款完全自由化，允許非居民投資日本境內證券。至此，日本資本市場結束了長達40年的相對封閉時期，日本境內外證券投資可以自由進行，外資可以參與日本資本市場投資並進入證券服務業。這個階段日本的資本帳戶開放由直接投資擴大至證券投資和其他投資，基本實現了資本項下可兌換。1985年《廣場協議》後，日圓對美元開始大幅度升值，拖累了日本國內的工業生產，迫使日本政府從20世紀80年代後期開始不得不採取擴張性貨幣政策，通過不斷降低利率水準來刺激經濟增長和對實體經濟的投資。這為日本20世紀90年代經濟泡沫的破滅埋下了伏筆。事實證明，日本最終陷入了「流動性陷阱」，實體經濟投資一片哀嚎。

第三階段（20世紀90年代）：實現資本項下完全可兌換。20世紀90年代日本陷入了「失去的十年」，製造業生產跌至穀底，日圓在國際市場的使用在20

世紀90年代初達到頂峰後也迅速回落，日圓的國際地位已經遠遠落在了德國馬克的後面。在陷入「流動性陷阱」後，日本政府開始實施「金融大爆炸」，加大資本帳戶開放力度，試圖通過大舉引進外資來為本國經濟尋找新的增長點。1997年5月，日本通過了新的外匯法，規定資本交易由先前的批准制和事先申報制改為事後彙報制度，取消現行法律關於外匯銀行制和貨幣兌換商的規定，取消外匯遠期敞口限制，允許使用電子錢進行支付。1997年日本新外匯法的實施，標誌著其在戰後構建的外匯和資本管制主要措施都已經取消，日本全面實現了資本項下可兌換。但「金融大爆炸」並沒有如日本之前預期的那樣大量吸引外資流入，日本的經濟困境仍然沒有得到解決。長期低迷的日本經濟和過度波動的匯率讓非居民眼中的日圓吸引力迅速褪色，使得日圓國際地位不可避免地一再跌落。

從以上對德國和日本的經驗分析可以看出，兩國貨幣國際化起點類似，結局卻大不相同。德國雖然在20世紀60年代也開啟了資本帳戶開放的步伐，但一直是以審慎的態度逐步開放和調整，並且一直以國內宏觀經濟穩定和匯率穩定為目標，不斷提升本國工業生產的核心競爭力，在宏觀金融政策選擇策略上採取了動態調整的方式，最終成就了德國馬克和德國在國際金融市場中的地位。而日本則過於激進，從60年代開始就試圖大幅放開資本帳戶，並且高估了本國實體經濟應對匯率升值衝擊的能力，沒有很好地保持日圓匯率穩定，損害了本國實體經濟。雖然20世紀80年代開始試圖通過寬鬆型貨幣政策和金融市場的開放刺激本國經濟，但是實體經濟的衰退已經不可避免，最終不僅使得日圓國際化成為泡影，同時拖累了日本的金融市場發展。

4.2　人民幣國際化面對宏觀金融風險挑戰

德國和日本在貨幣國際化進程中都對貨幣政策獨立性給予了高度重視。因為只有中央銀行保持了高度的貨幣政策獨立性，才能實現在金融市場不斷開

放的過程中維持本國經濟的穩定增長，有效調節國內的通貨膨脹和失業水準。貨幣政策是國家調控國內經濟的重要手段，也是一國貨幣政策目標得以順利實現的基本前提。作為國際貨幣的發行國，貨幣政策的獨立性顯得更為重要。一個貨幣政策都不獨立的國家發行的貨幣自然不會得到國際金融市場的青睞和信任，貨幣公信力將大大削減。

作為主要國際貨幣發行國，德國和日本最終都採取了策略 II 的宏觀金融政策組合。但更具歷史借鑒意義的則在於兩國不同的政策調整路徑，及其對貨幣國際化所產生的影響。兩國經驗提醒我們，政策調整不能急於求成，要在本國經濟和金融市場、監管部門做好應對國際資本衝擊的充分準備以後才可放開匯率和資本帳戶。

近年來，人民幣國際化水準穩步提高，加入SDR貨幣籃子後或將進入新的發展階段。由開放經濟經典理論和國際經驗可知，我國宏觀金融政策選擇已經進入了政策調整的敏感期。在從策略 III 逐漸轉向策略 II 的過渡階段，要對可能出現的宏觀金融風險進行識別和度量，為實現宏觀金融風險有效管理做好前期準備，也為準確把握政策調整的時機與力度提供判斷依據。

4.2.1　現階段集中於匯率波動與匯率管理

在政策調整方面，現階段的中國與當年的德國和日本面臨著同樣的難題。在貨幣國際化水準由低而高變化的時候，對貨幣發行國來說，首要的挑戰就是匯率波動。對於一個貿易大國來說，匯率波動性上升加大了對外貿易往來中的不確定性，提高了交易風險，增加了交易成本，有可能打破原有的貿易平衡，對國內市場造成嚴重衝擊。而對於中國這樣一個發展中國家來說，人民幣匯率勢必要經受更加嚴峻的考驗：無論是長期單邊升值或是短期大幅度貶值，都會對國內宏觀經濟和金融市場形成巨大壓力。既然匯率波動在所難免，貨幣當局如何進行匯率管理就成為決定貨幣國際化進程的關鍵問題。

貨幣國際化初期通常都會出現匯率單邊升值的壓力。2015年以前，人民幣對美元的單邊升值趨勢已經維持了多年，這和日圓當年的情況非常類似。在日

圓和人民幣長期升值的過程中，兩國出口貿易都受到不同程度的影響，出口規模的同比增速都出現逐月下降的趨勢（見圖4—3）。單邊升值還會進一步擠壓貿易市場，不僅降低了本國企業的國際競爭力，同時也刺激大量資本由經常帳戶管道進入外匯市場進行套利，迫使中央銀行在國內產品生產過剩的情況下還要繼續增發貨幣。企業進行生產和創新的積極性被嚴重打壓，降低了實體經濟活力，嚴重時就會像日本那般將本國經濟帶入無法挽回的深淵。

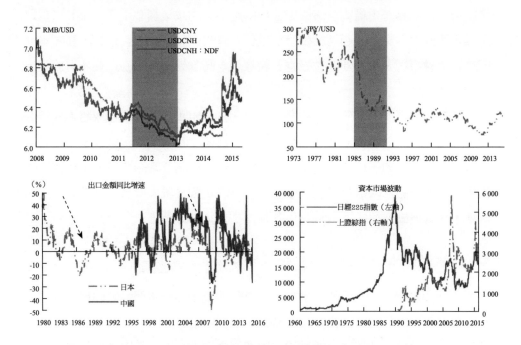

圖4—3　匯率單邊升值對經濟的衝擊：日本和中國

資料來源：CEIC.

　　或許是因為早就預見到了這樣的危險，德國在面對匯率升值壓力時做出了不同的政策選擇：從20世紀60年代末開始，在相當長的時間裡，執著地維持馬克匯率的穩定。在德國馬克國際化啟動階段，德國貨幣當局對於匯率穩定目標的堅持到了幾近頑固的地步，為此甚至不惜重啟資本管制、暫緩金融市場發展以及動用外匯儲備干預市場。這一時期的匯率穩定，為德國保持貿易優勢、提

高工業生產競爭力和鞏固國內實體經濟發展創造了有利的外部條件。而從長期來看，工業生產競爭力和國內實體經濟增長潛力則又為德國馬克匯率穩定提供了有力支撐。德國長期保持著國際收支經常帳戶順差以及在全球產業鏈中的主導地位，德國頗具競爭能力的出口企業很好地保證了國際貿易計價結算中的德國馬克份額，從而在德國實現自由浮動匯率制度後可以繼續保持國際市場對於德國馬克的穩定需求。1980—1996年期間，德國出口產品中以德國馬克計價的比重達到82.3%，同期日本出口中以日圓計價的比重僅為29.4%，可見匯率穩定在貨幣國際化初期對於國內實體經濟發展具有重大意義，而且長遠來看，貨幣國際地位的提升最終還是要取決於本國真實財富的創造能力。

匯率持續貶值也會損害一國經濟。尤其對於新興市場國家而言，匯率持續貶值會造成國際資本瞬間逆轉（sudden stop）。一旦貶值預期形成，自我實現預期效應會使得短期資本出於趨利避害的目的快速逃離，進一步加劇市場匯率的下跌。而一旦出現資本恐慌性外逃，一方面，本國資本市場流動性的減少會給本國證券市場帶來重創，另一方面，國內企業的外幣債務成本會驟增，迫使財務本來很健康的企業低價賤賣資產。而企業的巨額損失又會進一步惡化本國資本市場的發展，對國家經濟安全造成極大威脅。

2015年以來，境內外市場都開始轉向人民幣貶值預期。「8・11」新匯改後，人民幣貶值程度有所加強，而且境外市場對人民幣匯率的衝擊逐漸加大。2016年1月6日，離岸市場人民幣遠期NDF匯率低至2008年以來的歷史新點6.955，當天人民幣遠期貼水率高達6.49%。雖然之後人民幣貶值壓力有所緩解，但市場上的悲觀情緒和做空力量顯然並沒有退卻。這事實上是對國內貨幣當局宏觀金融管理能力的一次實戰考核。如果不能及時、合理地應對匯率波動，任由貨幣危機爆發，就難免使人民幣國際化落得如同日圓般「曇花一現」的尷尬處境。

在這個問題上，我們應該效仿德國，在貨幣國際化初期將匯率穩定目標置於首要位置。除了曾經恢復資本管制以穩定匯率以外，德國還曾使用大量外匯儲備作為平准基金，在市場中確保德國馬克的供應量穩定在一定水準之內，從

而力保德國馬克匯率穩定。因此，當前的政策重點在於如何進一步完善我國的管理浮動匯率制度，為本國實體經濟的轉型與發展贏得時間和空間。特別要在與市場溝通方面不懈努力，通過引導市場預期，有效進行匯率管理。此外，為了配合匯率管理，必要時也應考慮資本帳戶管理方面——特別是針對短期跨境資本流動——的措施調整。

4.2.2 未來主要是跨境資本流動與系統性風險

經典理論和國際經驗表明，當一國貨幣已經躋身於主要國際貨幣行列之後，貨幣當局都只能採取策略II的宏觀金融政策組合。這同樣也適用於中國。然而，在國內金融市場尚未成熟、金融監管體系還不完善、應對跨境資本流動衝擊的方法有限且效果欠佳的情況下，貿然放開資本帳戶和人民幣匯率，極有可能發生系統性金融危機，嚴重損害實體經濟和金融發展，致使人民幣國際化進程中斷。因此，在我們從側重策略III逐漸向側重策略II轉變的過程中，宏觀金融風險管理的重點也需要逐漸由防範匯率劇烈波動轉向防範跨境資本流動可能引發的系統性危機。事實上，中國經濟和金融越是融入國際市場，跨境資本流動產生的衝擊就越是頻繁，可能造成的危害也就越大。所以我們要充分利用資本帳戶和人民幣匯率還沒有完全放開的時間視窗，全面開展跨境資本流動對國內系統性金融風險的影響機制以及應對措施的相關研究，提高貨幣當局和監管部門的宏觀金融風險管理能力，為未來的人民幣國際化進程清除障礙。

對中國來說，跨境資本流動衝擊是一個現實問題。美國是世界上最大的經濟體，也是中國最大的交易夥伴，美元是當前國際貨幣體系的主導貨幣，美國貨幣政策對世界各國不可避免地具有溢出效應。2008年次貸危機後，經過近八年的經濟結構調整，美國大大降低了金融槓桿，提高了居民儲蓄水準，而且重振製造業，提高了出口競爭力和就業率。目前美國基本渡過了經濟復甦期，美聯儲宣佈要逐步退出量化寬鬆政策，美元開啟加息週期。美國貨幣政策週期的變化，必然強化美元升值預期，引發資本大規模流向美國。這將給包括中國在內的世界各國造成壓力，並增加以下風險：資本外逃，國內的資本形成規模下

降，不利於產業轉型與升級。此外，美元加息導致國際流動性緊縮，不利於歐盟解決債務和難民問題，使得巴西、俄羅斯等金融脆弱的新興市場國家容易爆發金融危機。由於中國一半的貿易和絕大多數直接投資都在新興市場國家，一旦這些國家發生金融危機，國際金融動盪通過傳染機制很容易衝擊中國的內部經濟，加大中國國際收支失衡風險，並在國內引發自我實現式金融危機。

中國深度融入經濟全球化發展趨勢，為實現金融資源的優化配置創造了條件。在美、歐、日等主要經濟體實行量化寬鬆政策、國際融資成本極低的情況下，逐步審慎開放資本帳戶，方便從國際市場籌措便宜的資金。這一方面可以緩解我國企業融資難、融資貴問題，為大眾產業、萬眾創新營造良好的金融環境；另一方面還可以發揮我國對外投資的帶動與槓桿效應，高效引導國際資金投入「一帶一路」建設中來，加速我國的產能轉移和產業升級。

然而，歷史經驗表明，幾乎所有的發展中國家在資本帳戶開放之後不長的時間內都出現了貨幣危機與金融危機。中國也將面臨三個方面的風險：第一，根據「三元悖論」原則，一旦人民幣實現基本可兌換，也就是基本取消資本帳戶管制，作為全球第二大經濟體，保持貨幣政策的獨立性是中國調控宏觀經濟的必要手段，這就意味著人民幣未來必須是浮動的。匯率波動容易導致進出口波動，給實體經濟帶來失業或通貨膨脹壓力。第二，容易發生投機資本流動或「熱錢」衝擊，通過外匯市場—貨幣市場—資本市場—衍生品市場的互動與傳導機制，引發資金和資產價格波動，加劇金融體系的脆弱性，增加流動性危機和資產泡沫破裂風險。第三，資本帳戶開放與人民幣國際化相互促進，將擴大人民幣離岸市場規模，由於離岸市場與在岸市場的參與主體、運行機制不同，離岸市場與在岸市場必然存在匯率差異，容易引發國內外人民幣資金池的無序流動，導致人民幣匯率大幅波動，加大了央行干預人民幣匯率的難度，有可能導致中國的外匯儲備過多損耗，並且在綜合干預情況下導致國內的貨幣數量大起大落，降低中國政府的宏觀經濟管理能力。

短期資本持續外流是中國在對外開放進程中無論在短期還是長期內都需要高度重視的金融風險。目前導致短期資本外流的主要原因是人民幣升值預期

的逆轉，因此穩定預期有助於穩定資本流動。然而，隨著金融抑制的環境被打破，由於對中國經濟系統性風險的擔憂，中國居民與企業有很強的動力進行全球資產配置，由此產生的資本外流規模不容低估。對此，貨幣當局除了要審慎、可控、漸進地開放資本帳戶外，也還要在監測和管理系統性金融風險方面做出努力，為防範和化解系統性金融風險提供有效的政策工具。

中國還應高度重視人民幣跨境套利的風險。一是進出口實體企業沉溺於資本運作，不僅會造成貿易數字虛增，「熱錢」從外匯轉向離岸人民幣流入，而且也不利於國家管理流動性。二是人民幣跨境套利資金的快速流入流出會對我國經濟產生衝擊。大規模跨境套利交易的發生進一步加劇了我國跨境資金流動的波動性，特別是大規模套利資金的集中流入和流出嚴重影響了我國國際收支平衡的實現，進而對國內經濟發展造成較大衝擊。三是人民幣跨境套利行為存在一定的負債資金償還風險。人民幣跨境套利並不是一個孤立的現象，一般通過與跨境貿易人民幣結算相關的遠期信用證、海外代付、協議付款、預收延付等產品來實現，但是該類業務暫不納入現行外債管理，一旦企業經營狀況不佳，資金鏈斷裂，將會導致對外償付風險。

4.3 基於國家戰略視角的宏觀金融風險管理

國際貨幣多元化是一個動態發展過程，國際貿易格局、國際金融市場的變化都會導致國際貨幣格局發生相應的調整。在這個過程中，對於國際貨幣發行國貨幣當局來說，最大的挑戰無疑就是如何進行動態風險監管，如何應對國際資本衝擊隨時可能帶來的市場波動和對本國實體經濟的影響。人民幣已經加入SDR，成為了名副其實的國際貨幣，如何制定宏觀審慎的管理制度，有效監控並防範各階段可能出現的系統性風險，對於推動我國經濟更高水準開放以及人民幣國際化，具有重大戰略意義。

4.3.1 為實現人民幣國際化最終目標提供根本保障

人民幣國際化肩負著實現中國利益主張和改革國際貨幣體系的雙重歷史使命，是中國在21世紀作為新興大國而提出的舉世矚目的重要規劃之一。該戰略首先是符合中國國家利益，可為新興大國提供必不可少的支撐力量；同時也符合全球利益，是對現行世界經濟秩序和國際貨幣體系的進一步完善，體現了新興大國的責任與擔當。

人民幣成長為主要國際貨幣，實現與中國經濟和貿易地位相匹配的貨幣地位，有利於我國從世界經濟金融平衡的週邊走進核心圈，擺脫「美元陷阱」，維護國家和人民的經濟利益，同時也有利於我國抵消美國貨幣政策溢出的負面效應，增強抵禦外部衝擊的能力，提升國際競爭軟實力。

2008年全球金融危機以來，國際貨幣體系改革呼聲高漲，核心就是降低對美元的過度依賴，提高發展中國家參加國際貨幣治理的話語權。中國是最大的發展中國家，在推動國際貨幣體系改革問題上理應有所擔當。中國政府對於人民幣在國際市場上廣泛使用以及IMF將人民幣納入SDR貨幣籃子均持歡迎態度，表達了中國提供全球公共物品的良好意願和大國責任。人民幣崛起可以促進形成多元制衡的國際貨幣競爭格局，使廣大發展中國家有機會選擇更安全的國際儲備貨幣，擺脫過度依賴美元造成的種種危害。

從國際貨幣體系大局來看，多元制衡的國際貨幣格局順應了國際經濟和貿易格局的調整方向，有利於打破全球經濟失衡和全球金融恐怖平衡[1]的僵局，同時具有「良幣驅逐劣幣」的約束機制，為國際貨幣體系增添了穩定因素，可有效緩解系統性全球金融危機的壓力。

一般來說，貨幣國際化必須具備以下幾個條件：綜合經濟實力、貿易地位、資本自由流動、幣值穩定以及宏觀管理能力。從過去幾年的實際情況看，前四個支撐人民幣國際化的因素都有著不錯的表現；但貨幣當局的宏觀管理能力還有待提高，尤其是面對如何在資本帳戶更加開放背景下統籌管理資本流動

1　參見陳雨露、馬勇：《大金融論綱》，北京，中國人民大學出版社，2013。

和宏觀金融風險的問題時，恐怕既需要系統的理論指導，也缺乏必要的實戰經驗。長遠來看，宏觀管理可能成為影響人民幣國際化進程的短板。由於宏觀管理能力同時又影響了資本自由流動和幣值穩定等其他因素，所以為保障人民幣國際化最終目標的順利實現，我們需要大力加強這方面的建設，才能贏得國際社會對人民幣的長久信心。

人民幣國際化需要健康穩定的宏觀經濟環境和成熟完善的金融體系。金融體系的穩定與發展不僅對實體經濟運行發揮著資源配置和風險承擔的積極作用，也可以成為經濟開放過程中最好的自我保護屏障，在人民幣國際化進程中幫助中國經濟抵禦國際資本的大規模衝擊。在金融深化發展和人民幣國際化逐步推進的過程中，宏觀流動性的影響力越來越大。現有的流動性管理工具雖然有助於穩定物價和單個微觀機構的穩健經營，但在面對宏觀流動性順週期的加速器效應及其對整體經濟產生的衝擊時卻顯得無能為力。2015年中國資本市場的劇烈震盪，反映出我國監管部門還沒有充分做好應對金融市場劇烈波動的準備，管理效率和模式都有待提高。如果不能及時總結經驗，改善我國宏觀金融風險的管理方式和效果，那麼，相對滯後的風險管理很可能成為人民幣國際化進程中最大的攔路虎。

據中國銀行測算，人民幣加入SDR後，各國官方資產配置調整就會導致每年新增人民幣需求6 000多億元。由此將大大推進人民幣國際化的步伐，擴大人民幣在大宗商品計價、金融交易、資產配置、官方儲備中的運用，這種多管道、多方位人民幣外部需求的增加，在資本帳戶開放的情況下，必然會影響人民幣境內市場的供求關係，容易引發流動性危機。人民幣國際需求和使用範圍的擴大，有利於中國企業、金融機構在國際交易中更多地使用人民幣，企業的議價能力、資產負債結構將因此發生較大變化，自身的貨幣錯配風險減少，但是負債來源和資產運用更加國際化，利率風險和國家風險更大。人民幣加入SDR後，SDR的估值以及利率確定對人民幣市場匯率、貨幣市場利率提出了新的要求，需要中國在人民幣匯率形成機制、短期市場基準利率形成機制等金融市場的根本問題上加快市場化步伐。這無疑對央行的宏觀金融管理能力提出了

新的挑戰，增加了貨幣政策效力和金融運行的不確定性。

　　加強宏觀金融風險管理，提高貨幣當局宏觀管理能力，是決定人民幣國際化戰略能否成功的關鍵。因此，為保障人民幣國際化最終目標的順利實現，必須站在國家戰略的高度做好宏觀金融風險管理工作。

4.3.2　以構建宏觀審慎政策框架作為金融風險管理的核心

　　國際金融經典理論和德日兩國歷史經驗表明，隨著人民幣國際化程度逐漸提高，貨幣當局必然要面臨宏觀金融政策調整及其引致宏觀金融風險的嚴峻考驗。也就是說，在從策略III向策略II轉變的過程中，我們必須要處理好匯率波動對國內經濟金融運行的衝擊，還要儘快適應跨境資本流動影響國內金融市場、金融機構以及實體經濟的全新作用機制，尤其要重視防範和管理系統性金融風險。

　　金融穩定是實現人民幣國際化戰略最終目標的必要前提，因而構建更加全面、更具針對性的宏觀審慎政策框架就是貨幣當局加強宏觀金融管理的核心任務。一方面，要將匯率政策與貨幣政策、財政政策等工具協調使用，將物價穩定、匯率穩定、宏觀經濟穩定增長等政策目標統一在金融穩定終極目標的框架之內；另一方面，要繼續完善微觀審慎監管政策，重視金融機構的風險控制與管理，加強金融消費者權益保護，同時積極探索宏觀審慎監管政策，著眼於金融體系的穩健運行，強化金融與實體經濟的和諧發展，以防控系統性金融風險作為實現金融穩定目標的重要支撐。

　　1. 將匯率管理作為宏觀金融風險管理的主要抓手

　　隨著中國經濟和金融對外開放程度進一步提高，匯率在調節國際收支平衡、引導資本流動方面將發揮更加重要的作用，但匯率過度波動會對金融市場造成負面衝擊，並對實體經濟穩健增長產生不利影響。因此，宏觀金融風險管理應當以匯率管理作為主要抓手。

　　當前，應當進一步完善匯率形成機制，尊重市場對於匯率決定的基礎性作用，同時充分發揮管理浮動匯率制度的優勢。既要實現以匯率槓桿調節國際收

支、優化國內外兩個市場資源配置、促進國際產能合作的政策目標，又要避免出現匯率的過度波動，給國內金融市場和實體經濟造成損害。

在匯率彈性不斷提高的過程中，貨幣當局應當淡化對於匯率的直接干預，更多運用市場手段和政策工具搭配來實現匯率政策目標。要提高貨幣當局宏觀管理的專業性和公信力，建立對市場預期的引導機制，尤其要重視貨幣政策、財政政策與匯率政策的合理搭配，通過利率—稅率—匯率的間接管理實現匯率政策目標。

隨著人民幣在國際市場的使用程度提高，作為世界第二大經濟體，中國宏觀經濟政策可能會具有一定的溢出效應。這就要求中國人民銀行在制定和實施貨幣政策和匯率政策時，既要優先考慮國內需要，又要通過適當的溝通與協調機制兼顧主要交易夥伴國的利益訴求，減少政策摩擦，實現合作共贏。

在「一超多元」的現行國際貨幣體系下，中國與其他新興市場國家一樣不可避免地要受到美國宏觀經濟政策變化的影響。2008年全球金融危機後美國採取的多輪量化寬鬆政策，以及近年來的美元加息政策，都引起了全球範圍內大規模資本移動，嚴重衝擊了新興市場國家的外匯市場、金融市場和實體經濟，不少國家還爆發了金融危機。這一輪政策變化同樣導致中國的短期跨境資本流動出現異常變動，甚至引起國內樓市、股市的價格大幅震盪，給實體經濟轉型造成困難，使人民幣匯率穩定承受巨大壓力。因此，人民幣匯率管理必須密切關注美國宏觀政策的溢出效應，發揮中美戰略與經濟對話平臺的積極作用，加強與美國政府的溝通，推動建立美元—人民幣匯率協調機制，降低過度的匯率波動對雙方經濟金融的負面影響。

近年來，歐洲中央銀行和日本央行先後採取負利率政策，以及英國「脫歐」公投，導致全球外匯市場上匯率波動性明顯增大，或可觸發新一輪全球範圍的金融危機。因此，中國在人民幣匯率管理中還應當呼籲建立SDR籃子貨幣國家之間的貨幣政策協調，避免主要貨幣之間發生匯率戰，減少以鄰為壑效應，共同承擔起維護國際金融市場穩定的責任與義務。

2. 將資本流動管理作為宏觀金融風險管理的關鍵切入點

20世紀90年代以來，國際資本大量流入新興市場國家，有助於這些國家的經濟繁榮，但也刺激了資產泡沫的形成，提高了金融體系的脆弱性。然而，當國際資本流動發生大規模逆轉時，這些國家無一例外地會出現經濟金融的大幅度波動，甚至發生系統性危機。中國在融入國際市場的過程中，應當充分吸取這些國家的危機教訓，應當對國際資本流動特別是短期資本流動保持高度警惕。

下一個階段，當我國宏觀金融政策選擇轉變成策略II時，外匯市場和資本市場極有可能成為國外遊資投機衝擊的主要目標。因此，宏觀金融風險管理要以資本流動管理作為關鍵切入點，重點識別和監測跨境資本流動所引起的國內金融市場連鎖反應，加強宏觀審慎金融監管，避免發生系統性金融危機。

資本帳戶開放可能帶來跨境資本流動規模增加、頻率提高，涉及金融市場、工具、機構、金融基礎設施等各個領域，而且金融子市場之間的聯動性正在加強，傳統的微觀審慎監管政策和工具已經難以適應這些新的變化，尤其是在應對宏觀流動性順週期影響和加速器效應方面無能為力。伴隨著我國金融體系的快速發展和人民幣國際化戰略的逐步推進，宏觀流動性對經濟金融運行所產生的影響越來越大。只有構建宏觀審慎政策框架，引入宏觀的、逆週期的調節工具實現宏觀審慎金融監管，對整個金融體系實施動態的、全範圍的、具有差異化的流動性管理，防控系統性風險，才能達到金融穩定的最終目標，為實體經濟穩健發展創造良好的金融環境。

第五章

人民幣匯率：人民幣加入特別
形成機制與政策目標

5.1 人民幣匯率形成機制不斷完善

5.1.1 匯率市場化改革進程

2015年8月11日，中國人民銀行發佈公告，為增強人民幣兌美元匯率中間價的市場化程度和基準性，決定完善人民幣兌美元匯率的中間價報價機制。人民幣兌美元匯率中間價在三日之內貶值超過4%，釋放了一定的貶值壓力，也造成了市場的一些錯亂和恐慌。在市場預期分化的衝擊下，人民幣匯率波動幅度增大，在岸價與離岸價的差距急劇擴大，人民幣貶值預期逐漸強化，央行進行匯率調控的難度增大。

2015年12月1日，IMF主席拉加德宣佈，正式將人民幣納入IMF特別提款權（SDR）貨幣籃子，人民幣在SDR中的權重為10.9%，成為僅次於美元和歐元的第三大貨幣。人民幣加入SDR貨幣籃子之後，人民幣計價資產的需求將明顯提升，推動人民幣匯率波動和跨境資本流動規模增加。如何設立有效的監管手段和危機防範機制，承擔維持國際貨幣靈活穩定的責任，對央行的政策制定提出了新的挑戰。

2015年12月11日，中國外匯交易中心正式發佈CFETS人民幣匯率指數，人民幣匯率逐漸轉向參考美元、歐元等一籃子貨幣。在人民幣匯率指數的權重中，美元占比26.4%，歐元占比21.39%，日圓占比14.68%。人民幣匯率參考目標轉向一籃子貨幣，可以在維持與其他新興市場國家匯率相對穩定的情況下，對美元具有更大的靈活性。但是，由於慣性的力量，貿易企業和金融市場關注的重點還是人民幣兌美元的匯率水準，如何加強同市場的溝通，引導人民幣匯率預期，是央行在制定政策和視窗指導中亟待解決的問題。

在過去的一年中，中國不斷深化匯率制度改革，豐富和完善了「以市場供求為基礎、參考一籃子貨幣進行調節、有管理的浮動匯率制度」。總體上看，人民幣匯率機制呈現出以下五個新特點：

第一，人民幣匯率制度的市場化程度提高。「8·11」新匯改之後，做市商在每日銀行間外匯市場開盤前，參考上一日銀行間外匯市場收盤匯率，綜合考慮外匯供求情況以及國際主要貨幣匯率變化，向中國外匯交易中心提供中間價報價。與匯改前相比，這次中間價改革削弱了政府在中間價形成中的決定權，充分反映了市場對人民幣匯率的判斷。

第二，由盯住美元轉向參考一籃子貨幣。CFETS人民幣匯率指數的建立，弱化了美元在人民幣匯率形成和外匯儲備中的影響，擺脫了人民幣對單一貨幣的過多依賴，使人民幣的匯率波動更加獨立。在重視與美元、歐元匯率走勢靈活性的同時，關心與新興市場國家的匯率走勢，使人民幣匯率更加貼近均衡匯率水準。

第三，匯率波動幅度增加。從圖5—1可以看出，在2015年8月之前，美元兌人民幣的匯率幾乎穩定在6.11～6.14，在2015年8月之後，美元兌人民幣匯率的波動幅度顯著增加。歐元兌人民幣的中間價同樣反映出波動幅度在加大，而且相對於美元兌人民幣，歐元兌人民幣的波動更加劇烈。

中間價：美元兌人民幣 —— 中間價：歐元兌人民幣

圖5—1 美元兌人民幣和歐元兌人民幣的走勢

第四，匯率與人民幣計價資產的聯動性增強。在2015年8月之前，股票市場和債券市場受匯率波動的影響並不明顯，在2015年8月之後，股票市場和債券市場的走勢同美元兌人民幣匯率走勢的相關性顯著提升，幾乎每一次人民幣大幅貶值都伴隨著股票市場大跌。與此同時，利率、資本市場收益率對資本流動的影響也很明顯，與匯率的聯動性有所增強（見圖5—2）。

—— 滬深300指數 —— 中債一年期國債到期收益率

圖5—2 滬深300指數和中債一年期國債到期收益率走勢

第五，匯率政策的外溢性不斷加深。在全球主要經濟體貨幣政策分化的大背景下，其他國家政策的溢出效應對本國政策有效性的影響越來越大。美聯儲

宣佈加息、歐元區寬鬆度不及預期等外部政策衝擊，對於人民幣匯率的影響正在顯現。

面對全球經濟不景氣和主要經濟體貨幣政策分化的國際環境，保持貨幣政策獨立性至關重要，中國應繼續深化匯率市場化改革，堅持逐步推進資本帳戶開放，探索適合中國國情的匯率形成機制，配合國內供給側改革和中國企業「走出去」，推進人民幣國際化和國際金融中心建設。

5.1.2 貨幣可兌換對匯率形成機制的影響

所謂貨幣完全可兌換，是指本幣可以按照官方（市場）匯率無限制或者不加控制地兌換成另一種貨幣。完全可兌換的貨幣具有三個特徵：第一，本幣可以跟各國貨幣進行兌換，這種貨幣兌換關係不限於幾個特定的國家貨幣；第二，無論出於什麼目的、兌換多少額度，都可以進行貨幣兌換，不受政府或其他機構的控制；第三，兌換匯率是官方（市場）規定的匯率，而不是黑市匯率。由於大部分國家達不到完全可兌換標準，因此按照貨幣可兌換性的大小，可以分為完全可兌換、部分可兌換和不可兌換。從內容上分，貨幣可兌換可以細分為經常專案可兌換和資本專案可兌換，經常項目可兌換是指與商品和服務進出口等經常帳戶下的國際交易相聯繫的貨幣可兌換；資本專案可兌換是指與跨境資本交易、資本跨國流動等資本帳戶下的國際交易相聯繫的貨幣可兌換。國際貨幣基金組織協議的第八條款對成員國提出了經常帳戶下貨幣自由兌換的具體要求，至今，全球絕大多數的開放經濟體都已經實現了經常帳戶下的貨幣完全可兌換，但是各國資本帳戶下貨幣的可兌換程度差異較大。中國20世紀90年代便已經實現經常帳戶下的完全可兌換，資本帳戶的貨幣可兌換正在逐步開放中。

伴隨著人民幣匯率改革和資本帳戶的逐步開放，人民幣的貨幣可兌換性也在增強，資本流動規模的擴張也表明中國正在逐步融入世界資本市場之中。在貨幣可兌換程度不斷加強的情況下，如何改革人民幣匯率的形成機制，以維持穩定的均衡匯率水準並避免匯率的大幅波動，這是現階段特別需要深入探討

的問題。鑒於在貨幣可兌換程度的不同階段，匯率形成機制具有不同的特徵，隨著貨幣可兌換程度的增加，匯率形成機制可能會發生區制變化，發現區制變化的拐點和形成機制的差異，對於構建靈活穩定、充分體現市場供求的人民幣匯率形成機制有重要意義。為此，我們要充分借鑒國際經驗，利用門限回歸模型[1]，分析研究在貨幣可兌換程度的不同階段，一國匯率形成機制的變化情況。通過我們的實證研究，發現了如下結論：

首先，隨著貨幣可兌換程度的提升，短期匯率變動（升值/貶值）的影響因素會發生改變。在貨幣可兌換程度不高的情況下，短期匯率變動更多取決於宏觀經濟基本面，比如經濟增長率、人均GDP、貿易順差等因素。隨著貨幣可兌換程度的提升，這些因素的解釋能力出現了明顯的下滑，而通貨膨脹、國內外利差的解釋能力非常顯著，說明隨著資本帳戶的開放，短期匯率變動與經濟基本面逐漸脫鉤，其更多反映的是資本套利活動帶來的均衡。在貨幣可兌換程度高的情況下，短期匯率變動很難用宏觀經濟變動來解釋，意味著在資本帳戶開放到一定程度後，短期匯率變動更多地會受市場情緒的影響，此時，通過不斷發現套利機會、填平套利機會，市場參與者能夠推動匯率在波動中回歸到均衡匯率水準。

其次，隨著貨幣可兌換程度的提升，實際有效匯率的影響因素也會發生變化。無論貨幣可兌換程度高低，決定實際有效匯率水準的最重要的解釋變數都是經濟增長、經濟波動和人均GDP。尤其在貨幣可兌換程度較高的情況下，這些宏觀經濟變數的影響力更強、更顯著。這表明，一國貨幣實際有效匯率的高低歸根究底是由本國的宏觀經濟基本面決定的，雖然受資本流動衝擊和其他國家政策溢出效應的影響，短期可能會出現一定程度的偏離，但只要本國經濟穩定持續增長，匯率水準自然會回歸。反之，如果本國經濟惡化，貨幣當局仍舊

1　本報告利用門限回歸模型前後共探討了三個問題：人民幣匯率形成機制的區制變化、匯率變動對實體經濟影響的區制變化和匯率變動對跨境資本流動的區制變化。本報告參考 Lane and Milesi-Ferretti（2003），將對外總資產和對外總負債的總和同GDP的比值作為度量資本帳戶開放程度的指標，作為門限回歸模型中的門限變數，探討在資本帳戶開放水準的不同階段，人民幣匯率形成機制和匯率衝擊影響的區制變化。

對匯率水準進行干預，可能在短期能維持較高的實際有效匯率，但最終結局一定是「螳臂當車」，無法阻止實際有效匯率的貶值。值得注意的是，隨著貨幣可兌換程度的提高，本國實際利率上升也會帶來本幣升值，即在資本自由流動的情況下，風險收益和投資者信心增加將推動實際有效匯率上升。

最後，隨著貨幣可兌換程度的提升，匯率波動的影響因素同樣會發生變化。從回歸結果看，匯率波動受到多個因素的影響，各個因素的影響也呈現出不穩定性。總體來看，無論貨幣可兌換程度高低，宏觀經濟穩定都能夠減少匯率的波動，但在貨幣可兌換程度較高的情況下，這個穩定效果變得不太顯著。在貨幣可兌換程度較低的情況下，寬鬆的貨幣政策會顯著提升匯率波動幅度；在貨幣可兌換程度較高的情況下，實際利率的上升、資本的流入能夠降低匯率波動幅度。這表明，在資本帳戶逐漸開放的過程中，資本流入對匯率波動的影響有限。但是，資本流出會加大匯率波動，需要密切監測資本流出。

借鑒國際經驗，我們運用門限回歸模型的方法進行總結探討，發現匯率形成機制會隨著貨幣可兌換程度的提升而發生區制變化。隨著匯率市場化改革的堅定推行，資本帳戶在穩定可控的情況下逐步開放，未來人民幣的可兌換性必然會跨過拐點，從而形成特徵明顯變化的人民幣匯率形成機制。根據相關回歸結果，未來人民幣形成機制改革中一定要注意以下幾點：

第一，提升本國經濟實力、保持宏觀經濟穩定是保持人民幣匯率穩定健康運行的堅實保障。隨著貨幣可兌換程度的提升，實際有效匯率水準更加依賴本國宏觀經濟形勢，經濟的穩定增長可以增加匯率波動的穩定性。因此，從長期看，發展本國經濟、減緩經濟波動是保持人民幣匯率穩健性的基石。匯率制度既是一個國家經濟運行的制度保障，又是一個國家經濟發展的結果，它並不能對一國經濟帶來直接的刺激作用。因此，在人民幣匯率形成機制的改革中，應該重視人民幣匯率的波動，在開放經濟中維持對外價格的相對穩定，以便為中國深化經濟改革創造更大空間和良好環境。

第二，央行對匯率市場的干預要謹慎行之。我們的研究表明，人民幣匯率的短期變動很難用宏觀經濟變數進行解釋，其反映的更多是市場主體的供需變

化。一旦偏離均衡匯率水準，微觀主體出於套利動機採取的行動，最終會迫使短期匯率回歸均衡。因此，在資本帳戶逐步開放的過程中，央行要減少對匯率市場的干預，允許匯率在一個較寬的幅度內自由波動，這樣既有利於外匯市場的價格發現，也可以為央行的干預積攢政策效力，提升央行的公信力，更好地引導人民幣匯率預期。

第三，加強對資本流動的監測。隨著貨幣可兌換程度的提升，資本流動規模必然會大幅增長，不可避免地也會出現大量的投機性資本流動，這些投機資本具有流動方向易變性的特點。如上文所述，資本流出會提升匯率波動幅度，因此，要維持匯率在均衡水準上的基本穩定，央行必須對資本流出加強管理。對於資本流動的管理一方面既要「節其流」，也要「開其源」，增加投機性資本流動的成本，另一方面則需要密切監測資本流入的動向，只有這樣才能在發生資本流出時制定更好的應對措施。

5.1.3 人民幣匯率將更加靈活

受美國經濟復甦加快、美元加息預期強化以及國內寬鬆貨幣的影響，人民幣與美元無風險利差持續收窄，中國從2014年第二季度以來連續6個季度出現資本帳戶逆差，2015年前3季度資本金融帳戶逆差累計達1 219億元，並形成了「經常項目順差、資本項目逆差」的國際收支新常態。短期內資本的大幅流出，導致人民幣兌美元劇烈貶值，雙向波動下不穩定性特徵明顯。人民幣加入SDR後，為了有效規避匯率波動帶來額外的潛在風險，維持其他關鍵宏觀經濟變數的良好勢態顯得尤為重要。我們的實證研究表明，貨幣可兌換性程度顯著提升後，保持一定的淨出口，加深貿易一體化程度，同時維持相對合理的資本回報率，能夠有效抵消資本流出對匯率穩定造成的負面影響。

深化貿易一體化程度，將是人民幣加入SDR後維持匯率長期穩定的關鍵因素。儘管2015年中國的出口增長下降了1.8%，但是進口的降幅更大，貿易順差3.69萬億元，同比擴大了56.7%。中國的全球出口市場份額由2014年的12.4%提升至13%，繼續保持全球第一貿易大國地位。更重要的是，人民幣加入SDR

後，國際支付結算職能的提升將有助於推動人民幣在「一帶一路」戰略中的跨境使用。誠然，「一帶一路」戰略涉及國家多、範圍廣，在基礎設施建設、項目融資方面無法單單依靠中國的3.8萬億美元外匯儲備，人民幣必然得到更多的使用。作為「一帶一路」戰略的發起國，中國在人民幣加入SDR後，將進一步加強沿線各國之間的貨幣流通，提高國際支付結算的便捷性，從而促進各國更大規模、更深層次的貿易暢通和資源、要素流通，加速中國與沿線國家之間的貿易一體化。通過這種貿易一體化程度的加深，匯率波動幅度將會得到有效的緩解。

中國能夠維持有吸引力的資本回報率。與美元加息預期相區別的是，中國需要較為寬鬆的貨幣環境，降低利率，進而降低企業的融資成本，助力經濟轉型與發展。然而，人民幣加入SDR的另一層含義是，國際社會對中國經濟抱有樂觀前景，對人民幣幣值穩定具有良好預期，隨著中國經濟的成功轉型，GDP實現中高速增長毋庸置疑，這必然會部分抵消由於利差相對劣勢所帶來的匯率波動。

人民幣匯率形成受到在岸市場與離岸市場「分離」的影響，在預期超調作用下短期波動加大。在岸人民幣與離岸人民幣貨幣市場收益率差異的存在表明，資本流動特別是貨幣市場的跨境交易仍然受到嚴格的管理與限制。自2015年初以來，在岸人民幣和離岸人民幣匯率長期保持小幅的負差價，「8‧11」新匯改的衝擊，疊加人民幣內在貶值壓力，使得負價差擴大，導致人民幣大幅貶值。匯率市場化本身將加大人民幣匯率雙向波動的幅度，在資本帳戶開放的過程中，市場預期超調的存在短期內將強化離岸與在岸人民幣匯率的負價差擴大趨勢。人民幣加入SDR後，資本帳戶貨幣可兌換性將有所提高，受離岸人民幣市場預期超調的影響，資本流動規模因羊群效應將進一步擴大，離岸人民幣的大幅波動勢必會增加在岸人民幣匯率的短期波動，給人民幣造成更大的短期貶值壓力。

可見，人民幣加入SDR後，貨幣可兌換程度將顯著增加，匯率形成機制也會發生相應的變化，人民幣匯率將呈現更為靈活的特點。短期受強勢美元和國

內寬鬆貨幣環境的影響，人民幣將在雙向波動中出現較大幅度的貶值，疊加離岸人民幣市場的預期超調影響，短期人民幣匯率不穩定性可能會進一步增強。但是從長期來看，短期貶值帶來的出口利好、「一帶一路」戰略推動的貿易一體化以及經濟轉型的逐步實現，將使得匯率波動趨於穩定，同時，伴隨著人民幣國際職能的提高與更高的國際期望，人民幣匯率也將在均衡水準下實現長期的穩定。

5.1.4 匯率改革與資本帳戶開放相互配合

在貨幣可兌換程度不同的階段，人民幣匯率形成機制應該具有不同的特徵。因此，人民幣匯率制度改革應該同資本帳戶的逐步開放相互配合，把握時機，適時推進。

首先，應該明確資本帳戶開放路徑。從2014年IMF公佈的全球匯率制度安排（IMF's Annual Report on Exchange Arrangements and Exchange Restrictions, AREAER）中可以看出，即使在美國、英國、德國、法國等發達國家，也存在很強的資本帳戶管制措施。在全球經濟緊密相關的時代，大國政策的外溢性增強，只有保持一定程度的資本帳戶管制，才能確保本國貨幣政策的獨立性和本國經濟的穩定。因此，中國在資本帳戶開放過程中，應該遵循「逐步、可控、協調」的原則，根據國際形勢和中國金融市場的發展，漸進、有序地對資本帳戶的某些項目進行開放；始終保持對資本帳戶的審慎監管，提高央行對金融市場的監管能力，將可能出現的風險控制在一個可承受範圍內。此外，資本帳戶開放應該配合中國的其他經濟制度改革協調推進；在活化金融市場、推動中國企業「走出去」的同時，保持良好的外部均衡。

其次，在人民幣匯率制度改革中應該堅持市場導向，讓短期匯率充分反映市場的供求。僅在匯率波動幅度過大時，央行進行適度的干預，以確保宏觀經濟穩定。還應增加人民幣匯率的獨立性，參考一籃子貨幣確定人民幣的匯率水準，注重對人民幣匯率預期的引導，防範自我形成的螺旋式貶值。允許匯率適當波動，增強中國金融市場的深度，提高金融企業的匯率風險管理能力，避免

在更加浮動的匯率制度下出現系統性金融風險。

匯率制度改革和資本帳戶開放，不可避免會產生新的不確定性和風險，需要我們對可能出現的風險有充分認識和把握，提前認知並防患於未然，確保匯率制度改革的平穩、順利進行。（1）匯率制度改革和資本帳戶開放必然會加劇匯率波動，這是每一個國家進行匯率改革的必經之路。如前所述，短期波動的加劇是市場參與主體不斷博弈、推動匯率回歸均衡的一個必然過程，因此，央行應該提高對匯率波動幅度的容忍度，僅在出現異常大幅波動時採取干預措施。另外，從「8．11」新匯改之後的匯率波動看，雖然匯率波動幅度擴大，但相對於其他國家，人民幣的波動幅度並沒有那麼劇烈；相對於央行巨額的外匯儲備，人民幣匯率的波動仍然處於可控的範圍之內。（2）資本流動衝擊國內價格體系。人民幣匯率代表的是人民幣的價格，其變動必然會對以人民幣計價的資產產生衝擊。人民幣預期升值引發大量的資本流入，在一定程度上，利用外來資本發展本國經濟能夠提升中國的經濟增長速度，但是資本流入房地產、股票市場等領域，加劇了泡沫的堆積，提升了中國經濟的系統性風險，央行需對資本的流入進行全面的動態監測，對不同類型、不同目的的資本流入予以區別對待。「8．11」新匯改之後，幾乎每一次人民幣大幅貶值的同時都伴隨著A股市場的大跌，匯率對人民幣計價資產的傳導性正在逐漸增強，央行應該建立相應的防範機制，避免匯率市場同房地產、股票市場、債券市場、銀行、信託、民間金融等同向波動而產生的系統性金融風險。（3）在市場化的匯率機制中，預期的自我實現可能導致危機的出現。在匯率市場化過程中，不可避免地會伴隨著資本流動的加劇，投機行為的盛行也會使匯率水準與經濟基本面出現短期偏離，央行如何表態對於市場預期的引導具有決定性的作用。在市場預期出現相反方向劇烈波動的時候，央行要強勢干預，避免出現自我實現的第二代貨幣危機。（4）大國政策的溢出效應可能導致人民幣匯率波動加劇和央行貨幣政策效力下降。從2015年「8．11」新匯改後的經驗來看，美聯儲的加息和歐元區貨幣寬鬆度不及預期都對人民幣匯率波動產生了衝擊，事實表明，人民幣匯率更加貼近市場化的運作機制，能夠及時根據市場訊息達到一個

相對均衡的水準；而且央行的監管、金融機構和相關出口企業的抗風險能力也經受了一次壓力測試。在大國政策的衝擊下如何規避損失、穩定市場，是央行和相關企業亟須解決的問題。

5.2 新時期人民幣匯率政策目標

5.2.1 匯率變動對實體經濟的影響

1. 匯率變動對實體經濟影響的理論基礎

根據總需求理論，一國生產總值等於消費、投資、政府支出、淨出口之和。因此，匯率變動對實體經濟的影響也可以細分為對消費、投資、政府支出、進出口的影響。由於政府支出是由一國政府獨立決定的變數，匯率變動通常被認為不會影響政府支出的決策。

匯率變動對消費的影響主要體現在生產成本和財富效應兩個方面。倘若本國貨幣升值，本國生產原料成本不變，而進口生產原料價格降低，生產成本減少。由於生產成本減少，造成商品價格降低，根據收入效應，消費者手中貨幣的購買力水準上升，消費量有所增加。根據財富效應，由於本幣相對外幣價值提升，相對收入增加，在財富效應的影響下，消費支出將會增加，因此匯率升高，將刺激消費水準提高。從圖5—3中可以看出，2000年至今，人民幣實際有效匯率同我國社會消費品零售總額之間有明顯的正相關關係。

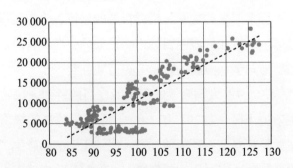

圖5—3　人民幣實際有效匯率與社會消費品零售總額

匯率變動對投資的影響主要體現在國內貸款、利用外資、自籌資金三大方面。倘若本幣升值而且資本流動不受限制，短期內資本流入，貨幣供應增加，利率下降，進一步導致國內貸款增加；貨幣升值，意味著本國原材料、勞動力、資產價格相對提高，外商投資的預期收益率降低，因此外來投資水準減少；自籌資金的投資決策主要取決於利率水準，由於本幣升值帶來短期資本流入，貨幣供應量增加，在利率下降的情況下，拉動國內投資，帶動自籌資金投資顯著增加等。此外，匯率波動對投資的影響並不是簡單地體現在當期的投資決策上，匯率的預期波動、匯率對資本流動的作用、匯率與利率的聯動效應都會對未來投資有一定影響。另外，匯率的波動幅度對投資水準的作用是反向的。匯率水準較為不穩定，意味著一國貨幣的幣值在國際上沒能達到較為均衡的認可，外匯市場的波動幅度較大，外國對該國貨幣以及經濟水準的不確定性較高，相應的外資投資水準會減少，國內的投資也會流出避險。從圖5—4中可以看出，2000年至今，人民幣實際有效匯率同我國固定資產投資完成額之間有明顯的正相關關係。

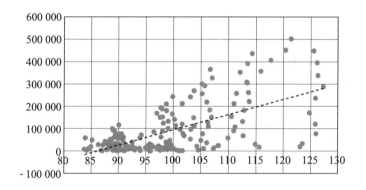

圖5—4　實際有效匯率與固定資產投資完成額

　　匯率波動對淨出口的影響體現在國內商品與國外商品的相對價格上。當本幣升值時，國內商品相對國外商品價格提高，本國產品競爭力減弱，出口數量減少而進口數量增多。而當本幣貶值時，本國商品價格相對外國商品價格更

低，出口具備競爭優勢，出口數量增多而進口數量減少。因此，一般情況下，本幣升值導致淨出口減少；而貶值則會帶來淨出口增加。更具體的分析還要考慮到匯率的變動對進出口價格的影響，根據馬歇爾－勒納條件，只有當商品的出口需求彈性和進口需求彈性之和等於1時，通過調整匯率，即控制一國貨幣的升值或者貶值來調劑對外貿易的進出口數額，才能夠達到緩解逆差的目的。

因此，對於匯率波動對實體經濟的影響，一般有以下幾個結論，其中最有影響的是「巴拉薩－薩繆爾森假說」。該理論指出，在一國經濟較長時間保持相對高速增長的階段，相對其他國家，該國國內可貿易部門的勞動生產率增長速度將高於不可貿易部門，因而出現經常專案順差，該國實際匯率存在升值的壓力。另外，在蒙代爾小型開放經濟模型中，由於小型開放經濟的貨幣政策和匯率政策具有不確定性和波動性，採用固定匯率安排可以平滑匯率波動，有利於貿易、投資和消費活動的開展，促進經濟增長。

2. 匯率變動對實體經濟影響的門限回歸結果

貨幣可兌換程度不同，經濟增長受匯率升值的影響也不同。貨幣可兌換程度較低時，實際匯率增長1%能夠帶動經濟增長0.584%；貨幣可兌換程度提高時，實際匯率每提高1%，經濟增長率僅提升0.18%。這就意味著，當資本帳戶開放到一定程度之後，人民幣匯率的升值對經濟增長的影響作用會減弱。實際匯率的提高雖然會造成淨出口減少，但在貨幣可兌換程度比較低的情況下，資本流動受到管制，從而資本流動程度比較低，國際社會對該國貨幣的信心主要建立在匯率水準上，實際匯率的貶值將可能打擊國際社會的信心，導致消費和投資水準大量銳減。實際匯率的升值反映的是對該國經濟增長水準的信心。在貨幣可兌換的條件下，由於資本的自由流動，匯率的波動相應更大，實際匯率的提高對實體經濟的作用可能是通過匯率－利率－投資－消費等一系列鏈條傳導完成的，而不是由於投資者對經濟發展水準的信心改變，因而經濟增長對實際匯率水準短期波動的敏感性較低，而對實際匯率水準的長期趨勢會做出持續性的反應。

貨幣可兌換程度的差異還導致匯率波動性對經濟增長的影響不同。在資

本管制程度較高、貨幣可兌換性較低的條件下，匯率波動性增加1%，實體經濟增長率會下降0.173%；當資本流動順暢、貨幣處於可兌換區間時，匯率波動幅度對實體經濟的打擊加大，波動幅度提高1%，經濟增長率下降0.298%。這是由於在資本管制較為嚴格的情況下，匯率的波動受到官方較為嚴格的管制，匯率與實體經濟之間具有嚴格的隔離，匯率波動對實體經濟的影響能夠得到一定的控制，央行可以通過貨幣政策減輕匯率波動對實體經濟的損害。而當資本流動較為順暢時，匯率波動會不可避免地增大，央行也會提高對匯率波動的容忍程度，匯率波動對經濟的負面影響加大，央行管控難度增加。在資本流動管控程度較低的情況下，一國匯率波動幅度較大，反映的是該國貨幣幣值甚至是實體經濟層面的不穩定，外國投資者投資該國貨幣以及經濟水準的不確定性較高，相應的外資投資水準會下降，會減少外國投資的流入，國內的投資也會流出避險，從而損害經濟的長期增長。可以看出，在貨幣可兌換程度提升的時候，更需要重視對匯率波動水準的管控，因為其對經濟增長的負面衝擊更加巨大。

　　無論貨幣可兌換程度高低，實際匯率升值對於實際經濟的波動都沒有顯著的影響。這表明實際匯率高低並不會決定經濟的波動，只有最符合該國經濟基本面的均衡匯率水準才能帶來經濟波動的降低，倘若偏離這個水準，無論是升值還是貶值都會帶來經濟波動幅度的提升。然而，匯率波動幅度對經濟波動則具有非常顯著的影響，在貨幣可兌換程度比較低的情況下，匯率波動幅度增加1%，將造成實體經濟波動增加0.06%；隨著貨幣可兌換性提高和資本管制程度降低，匯率波動對實體經濟波動造成的影響更大，每1%的匯率波動將造成0.12%的經濟波幅，影響效力加倍。在貨幣可兌換程度比較低的情況下，資本具有嚴格的管制，匯率市場的波動對本國經濟影響的傳導會因央行的管制而產生時滯，企業能夠更加及時有效地調整投資和生產決策，實際匯率的風險真正擴散到實體經濟層面已經因各種防範措施而削弱。當資本帳戶逐漸開放以及貨幣可兌換程度提升時，預期效應和資本流動的衝擊會使得匯率風險迅速傳導到金融機構和相關企業，對經濟穩定的衝擊更加直接和明顯。

5.2.2 匯率變動對跨境資本流動的影響

1. 匯率變動對資本流動影響的理論基礎

跨境資本流動是指私人或官方資本為了追逐高額利潤、規避風險、提供國際援助以及互利互惠等目的跨越國境而形成的國與國之間的流動，它是伴隨著國際貿易和國際投資等活動發展起來的。由於跨境資本流動與資本的收益率水準密切相關，而匯率的變動會直接影響一國資產的收益率水準，因此匯率的變動會影響跨境資本的流動。

許多學者從生產成本效應、資本化率理論、相對財富假說等角度分析，認為針對跨國直接投資方式的資本流動，東道國進行貨幣貶值來吸引資本流入，有利於直接投資。從生產成本效應角度考慮，一國貨幣貶值將降低該國相對其他國家的生產成本，特別是勞動成本，較低的生產成本將提高該國在國際貿易中的相對競爭優勢，從而促使FDI流入。通常，國際資本會選擇資本化率低的國家進行投資，Aliber（1983）指出，由於強勢貨幣國的資本化率較高，導致跨國公司的對外直接投資方向是從強勢貨幣國向弱勢貨幣國流動。在相對財富假說中，匯率貶值使得跨國併購活動中，企業的特定資產轉移獲得額外的貨幣收益，因此匯率貶值能夠刺激併購型的FDI。但從預期收益理論看，跨國公司的海外投資決策取決於未來收益的期望值，而一國貨幣越堅挺，投資者對該國市場未來收益的期望值越高，就會吸引更多的FDI流入。

追求收益的短期資本流動，主要是受到國家間稅後資產收益率差異的影響，為了逃離，資本會從收益率低的經濟體向收益率高的經濟體流動。一國即期匯率貶值，在利率水準和預期匯率不變的情況下，同樣的外國貨幣能兌換更多的本國貨幣，預期的未來投資收益增多，會促進短期資本流入。但若一國的貨幣貶值導致國際投資者對該國貨幣產生貶值預期，則會導致資本外流。總的看來，匯率變動對於長期資本和短期資本的流動均具有影響，它與長期資本流入負相關，而與短期資本流入正相關。

然而，國外投資不確定性和風險較高，使得跨境資本投資波動性較大，容

易對一國實體經濟造成衝擊，因此大多數國家對資本流動加以管理。資本管制一定程度上令跨境資本流動受阻，短期資產收益率差異並不必然導致套利資本的流動。因此，匯率變動對資本流動的影響，在不同國家、不同匯率制度、不同資本管制程度下各不相同。對於資本管制較少的國家，資本流動對匯率的敏感性更強。

匯率制度對資本流動的影響較大。一般來說，在浮動匯率制度下，資本流入會造成本幣升值和經常項目逆差擴大，從而使國際收支趨於平衡。在固定匯率制度下，貨幣當局為了維持名義匯率而進行的干預，必然導致官方儲備和貨幣供應量增加，並引起國內資產價格提高、總需求膨脹和真實匯率升值，進一步擴大經常專案逆差，減少總需求。物價上升還會通過實際貨幣餘額效應減少總需求。可見，在固定匯率制下，實現外部經濟的平衡，往往以內部經濟的不平衡為代價。在管理浮動匯率制度和資本不能完全流動的情況下，外匯儲備是中央銀行調控匯率水準的政策砝碼。儲備越多，匯率調控空間越大。儘管不同匯率制度下，政府可以通過採取干預或不干預政策，使資本流動的貨幣效應有所差異，但是很難避免資本流入帶來的實際匯率升值壓力，除非存在嚴重的國際貿易逆差。資本管制程度不同，使得匯率對資本流動產生了不同的影響。對於資本管制嚴格的國家，外商直接投資可能會受到配額的限制，即使存在收益率差異也無法順利進行跨境資本流動套利，因此資本流動對匯率變化敏感度較低。對於資本帳戶充分開放的國家，由於資本流動管道較為順暢，匯率波動對跨境資本流動具有較大的影響。

2. 匯率變動對資本流動影響的門限回歸結果

當貨幣可兌換程度較低，資本流動受限時，匯率變動對於資本流動的影響總體上看是不顯著的，無論是實際匯率增長率的變化還是匯率波動性的變化，對外國直接投資的影響都不顯著。隨著貨幣可兌換程度的提升，外商直接投資對匯率變動和匯率波動都變得更加敏感，實際匯率增長率提高1%，外商直接投資淨流入將會減少17%。而匯率波動對資本流動的影響效力更大，當波動水準提高1%時，外國直接投資淨流入會降低103%，幾乎完全阻止了資本流入。根

據之前的理論分析，匯率波動會使得外幣投資風險劇增，對資本流入的打擊更是毀滅性的。而我們的實證結果證明，當貨幣可兌換性較低時，匯率變動對跨境資本流動的影響並不顯著，原因在於，由於資本管制措施的存在，即使匯率變動造成收益水準變化，外國投資者也無法迅速將資本兌換為外幣流出。當資本帳戶逐漸開放以及貨幣可兌換程度提升時，匯率因素對於外商直接投資的影響開始逐漸顯現，並成為主導因素。此時，利率對跨境資本流動的影響也變得顯著。作為外國資本進行國際投資的收益衡量指標，利率對跨境資本的流入有較為顯著的影響，利率升高，吸引資本流入；利率降低，驅使資本流出。利率水準每提高1%，跨境資本流入將會增加0.25%。此外，跨境資本流動對通脹水準、實體經濟增長率水準的敏感性也有所提高。

　　無論貨幣可兌換程度高低，實際匯率升值和匯率波動對短期資本流動都沒有明顯的影響。在貨幣可兌換程度提高時，實際利率、通貨膨脹等因素會影響短期資本流動，這表明短期資本流動具有投機性，其更多地受預期風險收益的影響。短期資本受預期風險收益的影響產生跨境流動，是匯率變動和匯率波動的推手。

專欄5—1

人民幣匯率與資本流動

　　自改革開放以來，我國不斷加快對外改革的步伐，並針對吸引外資採取了許多優惠政策和措施，吸引了大量外資流入國內。資本流入逐年增加，呈上升勢態。自20世紀80年代至今，我國資本流入可分為以下三個階段：

　　第一階段（1985—1992年），我國處於資本淨流入狀態，流入量也處於平穩發展態勢。從1985年開始，人民幣匯率連續下調，因而出現了

持久的資本淨流入，資本流入量呈上升趨勢，長期資本流入額每年保持在100億美元左右水準，資本淨流入基本保持順差。其主要原因是資本流入增長速度加快，尤其是對外借款增長較快，以至每年外商直接投資數額低於對外借款數額。另外，國際收支中的經常項目在此期間出現了幾次逆差狀況，但由於大量資本流入，彌補了四年（1985年、1986年、1988年、1989年)經常項目出現的逆差，也彌補了短期資本出現的逆差，平衡了國際收支的差額。因此，在這一階段，資本流入已經成為我國國際收支平衡的主要手段。

第二階段（1993—1997年），資本流入急劇上升，成倍增長，金融專案及結構發生了巨大變化。在此期間，資本流入和經常項目與國際收支平衡居於同等重要地位。首先，總資本淨流入成倍增長，如1993年資本淨流入是1991年的2.9倍，1994年比1993年增長130%，1995年比1994年增長106%，數額高達382億美元；其次，長期資本流入數額成倍增長，如1993年長期資本流入數額是1991年的近4倍，是1992年的1.8倍；最後，在資本流入中外商直接投資的增長速度遠遠快於對外借款，且投資數額也遠遠超過對外借款額，這也是資本流入急劇上升的原因所在。因此，這幾年的資本流入狀況與80年代和90年代初較低水準的資本流入有重大的區別。在這三年裡，資本項目之所以保持高流入態勢，主要原因就是1992年鄧小平南方談話以後，我國進一步加快了對外開放步伐，外國投資者看好中國良好的經濟發展狀態和投資環境。

第三階段（1998年至今），資本流入受到東南亞金融危機的嚴重影響，在經歷了1998年的低潮之後，我國的資本流入又逐漸增加。這一階段的跨境資本流動更為頻繁，金額大，增長速度快（見圖5—5）。在1998—2004年這一階段，資本流動平穩緩慢增長，資本流入和流出大體相當，金融帳戶差額在順差逆差間波動。受到中國加入WTO的影響，2004年，我國經歷了資本流入和資本流出的爆發式增長，而且資本流入增長速度遠大於資本流出增速。僅2005年一年資本淨流入額為1 594億

元，比起2004年的818億元有接近成倍的增長。在經歷了長達4年的資本流動快速增長、金融帳戶順差持續擴大後，2008年全球金融危機爆發，資本流入急劇下滑，金融項目順差逐漸減小。在2008年第四季度，資本淨流入最高達到1 312億元，而金融危機發生後，2009年第二季度，資本淨流入銳降為169.73億元。2008—2012年，受到國際金融危機的影響，資本流入較少，而資本流出水準不減，導致資本帳戶順差減少。2012年，資本流入水準有所回升，由於金融危機的影響衰弱，世界主要經濟體都從危機中恢復，且我國資本流入流出管道不斷增多，跨境資本流動逐漸活躍。

圖5—6反映了同一時期人民幣實際匯率和有效匯率的變動情況。可以直觀地看到，2004年是資本流動變化的關鍵時點，此時人民幣名義匯率仍然盯住美元，實際匯率水準不斷走低。2005年實行匯率形成機制改革，擴大了匯率波動的幅度，先前抑制的人民幣升值壓力得到釋放，人民幣名義匯率與實際匯率都升值。2008年則是資本流動變化的另一個關鍵節點，此時國際金融危機爆發，人民幣實際匯率遭受了下挫，隨著危機的過去和經濟的恢復，實際匯率又進一步攀升。根據圖5—5和圖5—6之間的關係也可以看出，人民幣實際匯率對跨境資本流動的影響更密切。

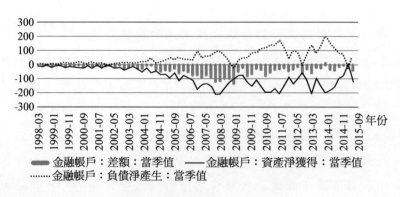

圖5—5　國際收支帳戶中的資本流動

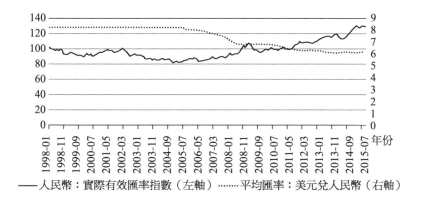

—— 人民幣：實際有效匯率指數（左軸） ……… 平均匯率：美元兌人民幣（右軸）

圖5—6　實際匯率與有效匯率

5.2.3　人民幣匯率傳導機制的新特徵

　　加入SDR對人民幣國際化有重要的象徵意義。它在一定程度上代表了IMF和官方機構的背書，既是對中國在世界經濟中日益增強的影響力的認可，也有利於增強市場對人民幣的信心。SDR貨幣通常被視為避險貨幣，獲得此地位無疑將增加國際範圍內公共部門和私人部門對人民幣的使用，提高人民幣在國際資產配置中的比重。人民幣加入SDR也將倒逼匯率改革、資本帳戶開放等一系列金融自由化措施，人民幣的貨幣可兌換程度會逐漸提高，最終會跨過拐點，人民幣對經濟活動的傳導發生區制變化。因此，在資本帳戶逐步開放、匯率市場化改革的過程中，應該重視人民幣匯率對經濟活動的傳導機制的變化。

1. 實體經濟對匯率以及國際環境的敏感性增強

　　在上一節提到，隨著貨幣可兌換程度的提升，實體經濟會更容易受人民幣匯率變動的影響，人民幣的升值會顯著提升中國經濟的增長速度，人民幣匯率波動水準的下降也將提升中國經濟的增長速度，降低中國宏觀經濟的波動水準。人民幣加入SDR成為國際儲備貨幣，提升了人民幣的聲望，人民幣堅挺、穩定的幣值將營造良好的外部環境，推動實體經濟進一步發展，也有利於人民幣國際化戰略實施和建設國際金融中心的目標實現。

　　但另一方面，我們需要看到一枚硬幣的另一面，人民幣成為國際儲備貨

幣意味著人民幣要承擔更多的國際責任，需要中國在資本帳戶上進一步放開，充分滿足人民幣的資產配置需求，需要中國在制定貨幣政策的時候充分考慮外溢性，樹立負責任的大國形象。中國的改革開放將使中國同世界的聯繫更加緊密，中國在為世界提供新的風險分擔途徑的同時也加大了自身對世界經濟波動的風險承擔，通過更加市場化的匯率傳導，中國實體經濟的國際敏感性增強。

Mussa（2000）認為宏觀經濟政策較弱、資本化程度不足、金融體系脆弱的國家，如果直接進入國際資本市場很可能受資本流動的衝擊而發生危機。中國從央行、金融機構到相關外貿企業均存在一定的問題，央行在改革轉型時期的監管難度加大，並且很難從其他國家的開放過程中直接獲取經驗，存在一定程度政策上的模糊和不一致；中國金融機構自身經營國際化程度不高，在面臨國際複雜環境的衝擊下凸顯出自身的脆弱性；相關外貿企業已經習慣於穩定的匯率水準，自身抵抗匯率波動的能力水準有限。中國在匯率改革、資本帳戶開放過程中要逐步推進、風險可控，在漸進改革過程中，央行、金融機構和相關企業都要積極學習、積累經驗，防範國際衝擊對自身的影響。

2. 資本流動的傳導機制作用逐漸提升

隨著資本帳戶的逐步開放、人民幣可兌換程度的提升，資本流動將會在匯率均衡中扮演主角。鑑於資本流動是推動人民幣匯率在波動中回歸均衡的重要市場力量，也是人民幣匯率波動幅度出現迅猛變化的主要推手，需要相關政策監管機構設立相應的制度來促進積極作用的實現，防範消極影響的衝擊。

如前所述，資本外流會帶來中國匯率的波動程度提升，從而帶來宏觀經濟波動。我們必須認識到，現階段中國存在資本外逃的一定動機：第一，資本的分散化投資、多樣化投資可以有效地分擔風險，中國的巨額資本存在全球化資產配置的訴求。雖然人民幣成為國際儲備貨幣，增加了國際投資者對人民幣計價資產的需求，但是中國的資本帳戶管制在一定程度上阻止了這種需求的實現，所以總體來看，基於全球化資產配置的角度，中國存在一定的資本外流壓力。第二，相對於世界其他國家，中國對私有產權的保護力度較弱，如果沒有相關的立法和管理，從私有產權保護方面也存在持續的資本外流動機。第三，

自2005年以來，由於強烈的人民幣升值預期和嚴格的資本管制措施，大量的國外投機性資本通過虛假貿易和長期投資進入中國，貶值預期的出現使得這些資本開始流出中國，從資本流動的歷史角度，現階段也存在資本外流的壓力。這些資本外流壓力的積聚，短期需要央行出面進行維穩，避免人民幣匯率的大幅波動，確保中國外匯儲備的相對安全，長期需要堅持改革開放，加強對資本流動的監測和監管。

另外，對資本流動的監管不僅要重視「節其流」，更要「開其源」，注重對資本流入的監測和監管。由於金融創新的不斷出現和客觀不可避免的一些監管漏洞，資本可能會通過一些「合法」的管道進入中國，相關監管機構應該維持審慎監管的原則，對所有的資本流動實行統一歸口管理，對於銀行交易、外商直接投資和創新型金融工具採取重點監管，對於大額資本流動和高槓桿的資金採取重點監管。此外，可以通過對與經常專案和外商直接投資無關的資本流動徵收托賓稅，增加資本流動的成本。但是Eichengreen等（1995）也指出，托賓稅對資本流動增加的成本有限，在預期強烈的情況下並不能成功阻止資本外逃，並且金融創新工具和離岸金融市場也會提供有效的避稅手段。因此，可以考慮其他增加資本流動成本的方法，比如增加資本流動的時間成本，任何資本流入和流出都需要在中國人民銀行審核凍結若干個交易日；比如增加資本流動的制度成本，只有符合一定信用標準的金融機構（例如各國央行和系統重要性金融機構）才能大額、高頻地進行跨境資本流動。

3. 匯率、利率聯動機制加強

我國目前匯率、利率之間的聯動機制沒有完全形成，國內國外的資金市場相對分割，匯率變動與利率變動之間的影響並不顯著。從上一節的實證分析中可以看出，隨著貨幣可兌換程度的提升，資本的跨境流動更加活躍，人民幣匯率和利率聯繫更加緊密，聯動機制加深。

目前我國的資本開放程度較低，人民幣匯率與利率的相關性較弱，主要原因是由於金融市場的不健全以及「雙率」形成機制的非市場化，加之資本帳戶尚未完全開放，國際資本流動受到嚴格管制，匯率缺乏彈性等制度性因素，制

約了市場經濟條件下利率—匯率傳導機制的運行，利率水準的調整不能立刻反映在匯率走勢上，匯率水準的小幅波動也難以準確反映利率變動的效果。

隨著人民幣入籃，利率匯率市場化改革進程也需加速，在資本開放可兌換程度不斷提高、匯率市場化程度加深的情況下將會倒逼人民幣利率市場化的改革。利率、匯率之間的聯動效應將會不斷增強。央行最終將可能放鬆對利率、匯率的管制，匯率波動程度以及利率敏感程度都會提升，在這種情況下，利率與匯率通過市場機制互相影響，調配國內外市場的均衡。因此，人民幣加入SDR後，隨著一系列資本帳戶放鬆的措施推進，利率、匯率市場化改革的進行，匯率與利率之間的聯動關係會有所加強，國際環境將能更直接地影響國內市場，反之亦然。央行在制定貨幣政策、匯率政策以及利率政策時，需要更加注重二者之間的聯動效應，注意政策之間的適當配合。

5.2.4　人民幣匯率政策目標的再思考

隨著中國匯率制度改革的推行和資本帳戶的逐步開放，人民幣匯率將在未來一段時間對宏觀經濟產生顯著的衝擊。主要表現為以下幾個方面：（1）人民幣貶值和波動的增加將會給中國經濟增長帶來壓力，增加中國宏觀經濟的不穩定因素；（2）跨境資本流動的活躍性增強，短期記憶體在資本外流的持續性壓力；（3）人民幣計價資產受匯率波動衝擊的影響加劇，需要防範出現系統性的金融風險；（4）資本開放使中國受國際政策衝擊的影響加劇。

因此，本報告認為在接下來的一段時間內，尤其是在人民幣匯率形成機制不斷完善、資本帳戶逐漸開放、中國國內經濟改革穩步推進的過程中，人民幣匯率政策目標應該主要實現三點：第一，避免人民幣匯率大幅波動，保證金融體系穩定。人民幣匯率的穩定為中國在複雜的國際環境下營造了良好的經濟發展環境，避免匯率大幅波動帶來人民幣計價資產的價值波動，從而引發中國金融體系的系統性風險。第二，穩定人民幣匯率預期，提高政府的公信力。人民幣匯率預期的穩定是人民幣匯率穩定和資本流動正常的重要保障，央行要提升自身的話語權和公信力，在重大危機面前保證自身傳遞的信號作用能穩定市

場。第三，引導匯率回歸均衡水準，為國內經濟改革和人民幣國際化創造空間。積極探尋人民幣的均衡匯率水準，在穩定外部價格體系的同時增加政策工具的力度和有效性，為國內的經濟改革和人民幣國際化戰略推行創造空間。

　　為了實現人民幣的匯率政策目標，首先，要繼續豐富和發展「以市場供求為基礎、參考一籃子貨幣進行調節、有管理的浮動匯率制度」，確定匯率變動的錨。這個匯率變動的錨必須盡可能公開透明，不能經常發生變動，這樣才能更好地管控人民幣預期，避免人民幣匯率的大幅波動；也有利於央行放鬆對市場的短期干預，促進形成健康有效的外匯市場。其次，央行要減少對外匯市場干預的頻率和次數，增強每次干預的強度。央行頻繁干預市場會阻礙市場的自我形成和發展，不能有效地發揮市場的價格發現功能，也不利於培育理性的市場主體。但在面對投機性資本衝擊和國際政策衝擊時，匯率如果出現偏離幅度過大或者波動幅度過大的情況，央行要高強度進行干預，展現其維持匯率市場穩定的決心，防止出現自我實現的貨幣危機。最後，央行要加強對外匯市場和資本流動的監控。資本流動是資本帳戶開放過程中需要重點監控的專案，及時地保持對資本流動的監控可提前對可能出現的危機做出反應，在危機發生前採取措施，將其消滅在萌芽中。中國的外匯市場規模與成熟的外匯市場相比還很有限，央行要加強對外匯市場的關注，保證在其他適度壓力水準下健康發展。

5.3　加強人民幣匯率管理

5.3.1　匯率制度選擇

　　根據三元悖論，一國在貨幣政策獨立性、資本自由流動和匯率穩定三個目標之間只能選擇兩個而捨棄一個。在我國經濟發展初期，國內市場化改革不夠完善，在一定程度上對資本流動進行管制，同時選擇有管理的浮動匯率制度，有利於維持人民幣內外穩定。然而，隨著人民幣國際化程度的提高和資本項目的開放，資本自由流動的需求日益加強，一國只能從貨幣政策獨立性和匯

率穩定二者中選擇其一。對包括中國在內的大型經濟體來說，貨幣政策的獨立性是央行和政府調節經濟活動的重要手段，這一點極為重要。所以，放棄固定匯率制度，逐步實現貨幣可自由兌換成為唯一選擇。而這一選擇也有利於實現更為靈活且彈性的匯率制度，真實反映人民幣的市場價格，促進人民幣國際化進程。另外，在金融自由化不斷發展的新世紀，大國之間的溢出效應越來越明顯，如果沒有資本帳戶的管制措施，就不可能實現貨幣政策的獨立性，從IMF的匯率制度安排中也可以看出，所有的大國都會保持一定程度的資本帳戶管制。因此，獨立的貨幣政策、有管理的浮動匯率制度、有限的資本帳戶開放是現階段解決人民幣三元悖論的最優政策選擇。

從三元悖論的三個政策目標來看，獨立自主的貨幣政策是中國必須堅持的，但是如果要保證獨立自主的貨幣政策具有有效性，則必須保持一定的資本帳戶管制。根據丁伯根法則，一定的資本帳戶管制措施也為央行提供了更多的管理工具，有助於多重貨幣政策目標的同時實現。此外，根據蒙代爾－弗萊明模型，在資本自由流動的浮動匯率制度下，貨幣政策會具有更強的政策效力，因此保持貨幣政策的獨立性和有效性是必然的選擇。

中國在2005年進行匯率形成機制改革時，確定了「以市場供求為基礎、參考一籃子貨幣進行調節、有管理的浮動匯率制度」，10年來一直以此作為政策目標進行豐富和完善。有管理的浮動匯率制度既可以充分體現市場的供求，還可以在匯率出現極端波動的情況下，讓央行利用自身監管主體的地位強勢介入穩定匯率，這是現階段人民幣匯率制度的最優選擇。央行可以設定一個寬幅的波動區間，在區間內讓人民幣根據市場主體的交易行為達到自然平衡。允許一定的匯率波動，增加中國企業抵禦匯率波動的經驗，對金融機構進行壓力測試，有利於中國金融市場的深化。在投機性衝擊或危機來臨之際，人民幣外匯市場規模小、不成熟，很容易遭到破壞性打擊，央行應該加強對人民幣匯率預期進行引導，選擇適當時機強勢干預市場、穩定匯率，避免危機的進一步蔓延，維持匯率市場的穩定。

中國的匯率政策目標必須與政府的工作規劃和貨幣政策目標相協調，人

民幣匯率制度改革、資本帳戶開放必須與結構性經濟改革協調推進。根據蒙代爾－弗萊明模型，在不同資本流動情況下、不同匯率制度下，財政政策和貨幣政策的效力是不同的，在之前的資本管制和固定匯率制度下，財政政策對經濟的刺激效果更為顯著。而隨著匯率制度改革和資本帳戶的開放，財政政策的效果可能會逐漸削弱，貨幣政策會變得更加高效。如果此時仍舊推行積極的財政政策來刺激經濟增長，可能會對外匯市場造成貶值壓力。另外，現階段人民幣匯率水準存在兩難困境，一方面，人民幣國際化和國際金融中心建設需要人民幣匯率穩定並保持一定的升值預期；另一方面，國內存在經濟進一步下行壓力，以及債務、通縮風險，內部經濟環境需要人民幣貶值來為寬鬆政策提供空間。因此，人民幣匯率制度改革必須同國內經濟改革措施協調配合，改善資源的配置效率，提升對中國經濟的信心，穩定增長的國內宏觀經濟環境才是人民幣穩定堅挺的長期保障。

隨著資本帳戶的逐步開放，資本流動越來越成為不可忽視的關鍵因素。資本流動會對宏觀經濟變數產生影響，最重要的是微觀主體的預期和行為。對於微觀主體來說，通貨膨脹和名義利率決定的實際利率水準是影響其預期和行為至關重要的因素。由於我國匯率和利率之間的聯動機制尚未有效建立起來，容易在複雜的環境中暴露出經濟風險。在成熟的經濟體中，匯率對利率極為敏感，央行可以通過調控本國的利率水準，通過市場機制間接對匯率產生影響，相比於直接對匯率市場進行干預，成本更低且不會損失央行的公信力。在中國當前的大背景下，需要結合國內外經濟情況，主動尋求改革機會，穩步協同推進利率改革、匯率改革和資本帳戶開放，循序漸進，互相促進。同時，注意建設並維護政府公信力，提高政府通過間接方式引導匯率市場的實效性。

5.3.2 匯率波動管理

伴隨著人民幣匯率改革和資本帳戶的逐步開放，匯率的波動幅度不可避免地會擴大。匯率改革是一個複雜的過程，稍有不慎就可能產生系統性風險。因此在貨幣可兌換程度不斷提高的情況下，管理匯率波動、維護匯率市場穩健運

行應該成為央行政策目標的重要一環，需要從以下幾個方面提升對匯率波動的管理能力：

第一，明確「以市場供求為基礎、參考一籃子貨幣進行調節、有管理的浮動匯率制度」，為人民幣匯率波動提供一個明確的「錨」。導致匯率波動幅度過大的主要原因是市場對均衡匯率水準的預期不一致。CEFTS人民幣匯率指數的公佈，如果能明確一籃子貨幣的具體貨幣種類及其相應的權重，就會在一定程度上穩定市場對於人民幣匯率水準的預期。

第二，央行應減少對市場的干預次數，加強干預強度，提高央行穩定匯率的能力。在資本帳戶逐步開放後，匯率市場的波動不可避免會提升，央行在短期、低頻波動的時期應將匯率水準的決定權交由市場，充分體現市場的供求變化。而在危機時刻應該對市場進行強勢的干預，展現央行維持匯率市場穩定的決心。

第三，加強政府與市場、企業的溝通，釐清政策的傳導機制，增強政策的可信度。央行在制定政策時，應該與市場、金融機構和企業進行積極溝通，使得政策能夠更加反映市場主體的客觀訴求。在執行政策時，通過政策解讀讓市場更好地了解政策的目的和期望效用，可以讓政策更好地發揮效用，避免對政策的「誤讀」造成的市場波動。

第四，發展金融市場，提升金融機構和貿易企業對匯率風險的應對能力。通過組織培訓讓市場主體充分認識人民幣匯率市場的波動，使其能夠合理利用金融工具進行風險對沖，化解日常經營中的匯率風險。對金融市場進行壓力測試，增強其抵禦匯率波動的能力，提升其自身的經營穩健性。

第五，對資本帳戶開放保持謹慎，密切監測短期資本流動。資本帳戶的開放應遵循「逐步、可控、協調」的原則，不宜一次性放開。圍繞資本流入和資本流出建立對資本流動的全程監測，強化對大額交易、高槓桿交易、高頻率交易的監管。與國外的金融監管部門對接，一同對資本流動進行監測。

第六，加快金融監管體系建設，提高外匯管理的針對性和有效性。加強宏觀審慎監管和監管部門的協調，確保不存在監管風險的漏洞。不斷完善系統

性風險評估體系，構建完善的外匯監測系統，對外匯資金的流量和流向進行監測。建立和完善系統性風險評估體系，評估金融體系的穩定情況並得以發揮預警功能。

5.3.3 國際貨幣政策協調

隨著經濟全球化不斷深化，全球經濟格局也出現了深刻變革，新興經濟體開始扮演更加重要的角色，尤其是在2008年國際金融危機之後，新興市場國家在提振全球經濟方面起到了關鍵性作用，在世界市場上擁有更強的話語權。2008年金融危機的發生也使我們更加意識到各國之間聯繫的加強，各經濟體不再是一個獨立的個體，每個國家的貨幣政策都會對其他國家產生影響，尤其是大國的貨幣政策外溢性更強。並且這種政策的外溢性通過改變微觀主體的預期和各個市場的風險收益，通過資本流動可以迅速傳導到其他經濟體，新興市場國家對大國政策的「回溢效應」也越來越顯著。

目前，國際環境日益趨於複雜，美國在2015年年底已經進入了加息週期，歐元區受制於通貨膨脹下行壓力，採取較為寬鬆的貨幣政策，日本則推行了負利率來提振經濟。全球主要發達經濟體的貨幣政策走向不一致，抬升了市場對於避險資產的偏好，資本流動的方向和規模更加具有易變性和不確定性。微觀主體「現金為王」的情緒抬升，降低了貨幣乘數，減慢了貨幣的派生速度，全球也陷入了通縮的大環境之中。對於新興市場國家，各國之間的走勢也出現了明顯的背離。印度和印尼的經濟增長率穩定提升，在新興市場國家中表現最為突出，中國、墨西哥等國在全球複雜的經濟環境中經濟增長出現了下滑，俄羅斯、巴西經濟發展顯現頹勢，並有進一步衰敗的跡象。在這種全球貨幣政策走向不一致、微觀主體避險偏好提升的複雜環境下，世界經濟發展的系統性風險在抬升，中國在這種情況下進行改革開放，需要提升自身在國際談判中的話語權，注重國際政策的協調，為中國的經濟政策改革營造良好的外部環境。

1. 鞏固和提升人民幣的國際化地位

人民幣加入SDR籃子，正式標誌著人民幣作為國際化貨幣被世界所認可。

中國是僅次於美國的世界第二大經濟體，自改革開放以來一直保持較高的經濟增長速度，並在未來的一段時間內仍將持續中高速的經濟增長，這是人民幣國際化堅實的物質基礎。中國國內政治環境的穩定、國防力量的不斷提升、綜合國力的顯著增強，提升了中國的國際地位，在世界舞臺上積極參與國際事務，並享有越來越高的話語權。能夠在國際貨幣基金組織、世界銀行、國際清算銀行等國際組織的跨國金融事務的政策制定和協商談判中，為人民幣的國際化謀得更廣闊的發展空間。中國應繼續堅定不移地推行人民幣匯率制度改革和資本帳戶的逐步開放，完善人民幣離岸金融市場建設和國際金融中心建設，提升人民幣的國際聲響，帶動人民幣在國際貿易、資本流通和儲備貨幣中的使用規模和使用範圍的擴大。只有提升人民幣的國際化地位，實行更加靈活穩定的匯率制度，才能夠更有效地防範外部衝擊對本國經濟發展的影響。

2. 拓展區域合作，提升貨幣流通範圍

德國在推進德國馬克國際化的過程中，借助於歐洲區域貨幣合作、歐洲區域經濟一體化發展以及德國馬克在歐洲區域中心地位的確立，提升了德國馬克在國際上的地位。不同於日圓，德國貨幣當局選擇非美元體系大力發展，在一定程度上減小了與美元的阻擊。中國通過「一帶一路」戰略，在基礎設施、能源環保、貿易投資等項目合作過程中，以人民幣為計價、結算工具，擴大人民幣流通區域，加強境外使用，改善國內貨幣錯配問題。積極推進資本輸出，向海外輸送國內優勢產能，從而在促進國內產業結構調整的同時，促進周邊地區發展，尋求區域經濟帶來的福利，從而提升人民幣國際化地位。同時，應鼓勵境外發行人民幣債券，境外投資者以人民幣投資，豐富了人民幣投資標的，推進了貨幣互換。但需要注意的是，亞洲不同於歐洲，其文化、經濟以及發展程度存在較大的差異，區域化發展較為困難。在尋求經濟合作過程中，應當求同存異，從而謀求更大的發展。

3. 積極應對外部衝擊，通過談判避免「以鄰為壑」的貨幣政策

隨著國際環境的複雜化，美國、歐元區的貨幣政策肯定會對中國市場產生一定的衝擊，面對這些政策外溢的衝擊，應積極構建協調應對機制，防範這些

衝擊對中國金融市場和宏觀經濟產生致命性的影響，並通過積極發佈政策建議和組織相關培訓，增強金融市場自我化解危機的能力。

「以鄰為壑」的貨幣政策，比如競爭性貨幣貶值，已經被證明是有百害而無一利的。它直接損害了周邊國家的經濟利益，雖然在短時間內本國的經濟會有所好轉，但根本競爭力並沒有提升，最終會受周邊國家的貿易和政策歧視而出現下滑。中國作為全球第二大經濟體，在國際事務中的話語權不斷增強，應該承擔更多的國際責任、履行更多的義務，避免「以鄰為壑」的貨幣政策出現，對中國和區域經濟產生系統性衝擊。中國應該加強與其他國家的政策協調，加強在國際談判上的話語權，避免其他國家貨幣政策的外溢效應對中國匯率市場的衝擊，進而引發系統性金融風險。與此同時，建立和完善風險防範和隔離機制，特別要完善危機救助制度。

第六章

人民幣基礎資產價格聯動
與風險傳導

2015年中國的利率市場化改革基本完成，匯率市場化改革也有突破性進展，資金更多地在市場力量和價格槓桿的指揮下進行跨市場的配置，人民幣基礎資產價格聯動與風險傳導機制開始形成。有必要充分認識這一新形勢下的金融發展變化，準確把握金融風險跨市場傳導的規律和特徵，為我國在資本帳戶放開過程中加強宏觀審慎管理、防範系統性風險提供理論依據。

6.1 金融市場風險及傳染機制

6.1.1 金融市場風險要素變遷

芝加哥學派創始人弗蘭克・奈特（Knight, F.）曾經提出，世界由三種形態的事物組成 —— 確定性（certainty）、風險（risk）和不確定性（uncertainty）。其中，確定性排除了特定結果之外事件發生的可能；不確定性指我們無法知道未來的可能結果或者即便知道可能的結果也無法預測其各自發生的概率；而風險意味著，參與者基於經驗或者事物的客觀規律，對未來可能發生的所有事件以及它們發生的概率分佈或許有著模糊或準確的認識，但是

對於結果卻無法確定。風險具體到金融領域，從影響程度看，可分為系統性風險和非系統性風險，從引發風險的具體原因看，可分為市場風險、信用風險、流動性風險、合規風險等。

金融市場風險，指的是由於金融市場中價格影響因素波動而形成的資產未來可能發生損失的風險，是各經濟主體所面臨的主要風險之一。由於價格波動難以把握、金融機構負債率偏高以及大量使用衍生產品等，金融市場風險具有不確定性、相關性、高槓桿性和傳染性等四大典型特徵。如何科學合理地測量、化解和控制金融市場風險，成為全球企業、金融機構和政府必須面對的主要議題之一。

專欄6—1

金融市場風險的評估與管理

金融市場風險測量的總體框架可以分為三個層次：敏感性分析、在險價值（Value at Risk，VaR）和壓力測試。其中，敏感性分析是進行風險測量的基礎模組；VaR則給出了一定置信度下標的組合可能出現的最大損失；壓力測試展現的是極端情景下風險因數變化所產生的結果，是對VaR測度的合理補充。

（一）敏感性分析

進行風險測量首先必須確定證券和證券組合對風險因數的敏感性。風險因數是指影響證券或合約價值發生變化的市場變數，如利率、匯率、股票指數和商品價格等。例如對於債券來說，調整久期是債券對利率因數的敏感性；對於股票而言，β係數是股票對股票指數的敏感性；對於期權這種衍生工具，它對標的資產價格的敏感性即delta。

利用敏感性分析方法進行風險管理時，可以通過免疫策略，使得組

合證券的價值對各種外部風險來源免疫，以擺脫對風險因數的依賴，實現單一風險因數的零暴露。

（二）VaR

VaR是當前市場風險測量的主流方法，它不僅測量證券組合的集成風險，而且將其轉化為潛在損失的概念，即在一定的持有期及置信度內，某一金融工具或證券組合所面臨的最大的潛在損失。持有期和置信水準的不同會導致VaR值的不同，置信水準的選擇反映了公司的風險厭惡程度及損失超過VaR值所支付的成本。例如，巴塞爾協議對銀行類金融機構的要求是在99%的置信度下計算10個交易日的VaR值，其背後的邏輯在於它們假定管理者發現問題並迅速採取補救措施需要10天的時間，同時99%的置信水準反映了管理者維持健全的金融系統的願望和抵消設置風險資本對銀行利潤不利影響之間的均衡。

在具體求解VaR值的過程中，我們通常將這些標的資產的預期回報轉化為風險因數的組合。首先在當前風險因數下對證券組合進行估值，然後模擬風險因數的未來變化情景，在此基礎上對證券組合價值進行類比，給出其未來收益的分佈，計算VaR值。由於模擬的方法不同，又主要可分為歷史模擬法和蒙特卡洛模擬法。歷史類比法直接根據風險因數的歷史資料進行趨勢外推，估計風險因數未來變化的情景，計算相對簡單，目前受到多數機構投資者的追捧；而蒙特卡洛模擬法則利用統計方法估計歷史上風險因數運動的參數，計算相對複雜且難以進行回測，但是其理論基礎要強於歷史模擬法，目前越來越多的風險管理者開始嘗試使用這種方法模擬出的VaR值進行風險監控。

（三）壓力測試

儘管VaR提供了一種較準確測量由不同風險來源及其相互作用而產生的潛在損失的途徑，但是極端事件的發生可能會帶來遠超預期的連鎖反應，系統性風險的爆發甚至可能導致大量公司破產，因此人們用壓力測試來作為極端條件下VaR測度的補充。

壓力測試是在極端不利的市場條件下評價組合證券的收益或損失，這些極端情景在正常條件下幾乎不會發生。與VaR相比，壓力實驗顯得不那麼體系化且更非正式，它的優勢在於充分考慮到不同市場間的連鎖反應，客觀分析市場條件發生極端不利變化時組合證券的預期收益。

　　造成金融市場劇烈波動的原因往往是多方面的。首先，金融市場自由化、一體化程度提高，使得市場因數自由度增加，例如布列敦森林體系的崩潰、20世紀末諸多國家取消利率管制、兩次能源危機，均體現了全球市場波動性的增加；其次，金融衍生產品的迅猛發展，同樣拓寬了市場的波動邊界，它們一方面為金融風險的合理分解轉移創造了條件，另一方面又加重了各種市場因數的相互影響，使它們的波動更具不確定性。

　　20世紀70年代以前，由於金融市場價格變化比較平穩，金融市場風險突出地表現為信用風險。然而，進入70年代以來，國際金融體系發生了巨大變化。以布列敦森林體系崩潰為標誌的國際金融市場的變革，導致金融市場的波動性日趨加劇，技術進步和經濟全球化推動金融市場交易和資本流動加速、交易量空前增加，也加深了金融市場的複雜性和波動性，國際金融市場間的價格協動使任何地區金融市場的局部波動都會迅速波及、傳染和放大到其他市場。此外，金融市場間競爭與放鬆金融管制的浪潮也加劇了金融市場風險。正確認識到金融市場風險的決定因素，有利於我們找到適當的風險控制指標和策略，把握不出現系統性風險的底線。

　　具體來看，金融市場風險是指由於資產的市場價格（包括金融資產價格和商品價格）變化或波動而引起的未來損失的可能性。根據引發市場風險的因數不同，市場風險可分為利率風險、匯率風險、股市風險以及商品價格風險等。

　　20世紀70年代以來，國際金融體系發生了巨大的變化，市場風險的影響要素具體表現為：

　　（1）1973年布列敦森林體系崩潰，浮動匯率制逐漸成為世界主要經濟體的選擇，引發了匯率風險；

（2）1979年，美聯儲將貨幣政策的控制目標由利率改為貨幣供應量，西方發達國家在隨後10年中也逐步放棄利率管制，引發了利率風險；

（3）兩次石油危機導致石油商品價格的劇烈波動，這對各國經濟造成極大的衝擊，並進一步引發了全球大宗商品價格風險。

20世紀90年代以後，全球金融市場又發生了基礎性的變化，主要包括以下幾個方面：

（1）經濟全球化和金融一體化趨勢，使得企業市場和資源配置全球化，資本在全球範圍內的大量、快速和自由流動，增大了不同經濟體間市場危機的傳染風險；

（2）金融業的激烈競爭導致了金融創新浪潮，並由此引發政府對金融業的放鬆管制，反過來又加劇了市場競爭。在技術革命的大背景下，該反身性過程導致了金融市場風險的放大。

由此可見，市場風險的影響要素在不同的時期扮演著不同的角色，隨著時代背景的更替，影響市場風險的關鍵因素也在不斷更迭。

6.1.2　金融風險傳染機制

在經濟全球化的背景下，實物資源和金融資源在國際逐步達到了更優化的配置，但是也使得金融風險更易爆發和傳染。回顧近年來金融危機的歷程，其影響深度和廣度正在不斷增強。金融風險的傳染機制已經很難從傳統的金融理論中找到合理的解釋，因此越來越多的學者開始以開放經濟為背景來研究金融風險傳染問題，主要以國際貿易、國際資本流動、金融市場聯繫、國際經濟金融合作等方面為立足點，來考察金融危機由一國爆發後，如何傳染到其他國家，對其產生的影響進行量化計算和理論分析，以更好地解釋風險傳染的內在機制。

貿易機制、金融機制和預期機制是學界認為的三大傳統風險傳染機制。

有國外學者指出，如果一國的交易夥伴或競爭對手國內發生經濟危機，該國家貨幣會相應貶值並改變投資者的預期，增加經濟的脆弱性，有引發投機性

攻擊可能，進而造成金融市場的危機。典型例子如亞洲金融危機時的泰國。

從微觀角度來看，地區性經濟危機發生後，危機發生國與貿易關聯的公司的股票收益較該國其他公司差距很大，使得危機的傳遞呈現出很強的特定行業傾向，從產品競爭力、收入效應、信貸危機、被迫資產重組等維度對特定行業的公司產生傳染。

一國金融體系的動盪也可以通過金融管道，直接危害其他國家的金融市場穩定，尤其會收緊金融體系的流動性，進而導致危機的傳染。當金融市場發生危機後，對實體經濟的衝擊加劇了金融機構資產負債結構的不平衡，容易抽乾其流動性，迫使金融仲介機構減少資產業務，造成關聯國家的資金緊張。

此外，實證研究表明，當一國感染金融危機時，通常伴隨著資本帳戶收支狀況的嚴重逆轉，其實質就是資本抽逃。由於危機起源國投資者對本國經濟前景的判斷具有資訊優勢，當一國發生金融危機時，他們將主動退出國際市場並且撤回其他國家的資金，造成其他國家資本流入突停。大量資本的流出將導致一國金融市場的動盪，進而引發金融危機。

預期傳染機制是指即使兩國之間不存在直接的貿易或金融聯繫，金融危機也可能存在傳染效應，這是由於投機者的預期變化導致的。

由於存在資訊成本以及資訊不對稱，導致了市場的趨同性，投資者在市場上常常根據其他投資者的決策來決定自己的選擇，當他們無法獲得充分的資訊來區分不同金融市場的基本情況時，即使兩國經濟狀況不同，一國的危機也可能導致其他國家發生金融危機。另外，資訊不對稱導致投資者無法區分各國金融市場之間的差異，使其對所有金融市場的前景重新進行更為悲觀的評估，導致一國的危機向其他國家蔓延。

6.1.3 中國金融市場的脆弱性和易感染性

關於新興市場金融脆弱性和感染性的相關研究主要從高通脹率和財政赤字惡化的角度入手，但由於我國近期並未出現這些問題，很難應用這些研究來解釋中國金融市場的脆弱性。我國金融體系是在以商業銀行為主體的基礎上逐

步形成的，居民投資管道較少，收入—存款比例高。在這樣的背景下，長期以來，商業銀行流動性風險防範意識薄弱。然而，隨著近年來國有商業銀行不良資產增加、表外資產和同業業務大幅擴張，同時伴隨著銀行准入放寬、利率市場化推進、互聯網金融興起、影子銀行活躍，金融體系的生態環境發生了很大變化，突出表現為商業銀行流動性風險大大增加。在我國銀行主導的金融體系基礎上，流動性風險增加容易造成金融市場的脆弱性和易感染性。

首先，投資管道增多推高了流動性成本。在利率市場化和互聯網金融大力發展的背景下，股票、債券、基金以及衍生工具等金融產品不斷豐富，居民投資管道日益多元化，對商業銀行的存款穩定性形成了一定的衝擊。與此同時，隨著我國經濟體系對金融服務需求的多元化和金融機構間競爭的加劇，出現了一系列另類金融創新，銀信合作、民間借貸等非常規投融資管道的出現，使得大量資金流動於銀行體系之外，不僅使得商業銀行吸收流動性的難度增大，也增加了相關統計工作和系統性金融風險管理的難度。

其次，資金成本升高推動了市場風險偏好。從中國當前的產業結構看，加工製造業仍然維持低附加值的粗放型增長態勢，利潤率低，難以負擔高成本融資。以炒地皮、炒一線城市房產為主要特點的房地產投資經歷了10年的高增長，增長趨勢強，預期收益率高，吸引大量的流動性游離於實體經濟體之外進行循環。隨著流動性不斷注入，經濟泡沫越吹越大，加深了整個經濟體的系統性風險。此外，在這種市場環境下，為了提高收益，金融機構傾向於把資金更多地投向長期專案，短存長貸問題日趨嚴重，與存款端形成期限錯配，期限錯配下的存貸結構極不穩定，一旦市場流動性需求突增，銀行很難及時抽回資金進行調整，必將面臨嚴重的流動性風險。

最後，激烈的同業競爭降低了金融機構的風險控制標準。目前，我國銀行類金融機構達到5 000多家，農村信用合作社3 000多家，村鎮銀行1 000多家，各金融機構為爭奪有限金融資源進行異常激烈的競爭，加上金融產品的高度同質性，價格戰在所難免，風險與收益嚴格匹配的原則和底線在利潤的誘惑面前很難堅持。此外，在企業客戶面前，金融機構為爭奪市場份額，風險防範的動

機也不斷減弱，有時甚至配合企業發放風險貸款，形成了「銀企合謀」。很多金融機構為了快速增加市場份額，以接近或者低於成本的價格提供融資服務，並放寬風險控制標準。從企業方面看，只要能夠獲得長期穩定的資金支援，雖然承受了較大的還本付息壓力，但是經濟上升期的預期投資回報率可以覆蓋債務成本，同時融資到期後也可以通過借新還舊的方式解決問題。來自銀行和企業兩方面的道德風險與逆向選擇風險上升，使得整個信貸市場的秩序控制變得更為複雜，金融體系變得更加脆弱。

6.2 中國金融市場已經形成複雜聯動關係

6.2.1 金融改革為市場聯動奠定制度基礎

隨著中國整體改革開放進程的不斷推進，中國金融改革也不斷深化，人民幣加入SDR是國際社會對中國金融改革的肯定，是中國金融改革深化到一定程度的體現。金融改革有序推進，目標是更好地發揮金融功能，優化資源配置，服務實體經濟。

1. 利率市場化

資金價格是優化資源配置、提高金融功能的關鍵，因此金融改革中的重要一環是利率市場化改革。從1996年銀行同業拆借自主確定利率開始，在過去20年的時間中，中國根據經濟金融發展的需要，不斷務實推進利率市場化改革。表6—1總結了我國利率市場化的基本進程。隨著存款利率的放開，截至2015年，中國利率市場化宣告基本完成。利率市場化有利於金融機構動態預測和形成資產價格，有利於形成各個金融市場之間的價格傳導和聯動。

表6—1 我國利率市場化歷程（1996—2015年）

	時間	事件
貨幣市場利率市場化	1996年6月	中國人民銀行宣佈對同業拆借市場的利率進行間接調控，由拆借雙方自主確定同業拆借利率水準；同時取消對同業拆借利率的上限管理。
	2013年7月	中國人民銀行取消票據貼現利率管制，改變貼現利率=再貼現利率+基點的方式，由金融機構自主確定。
債券市場利率市場化	1996年	在證券交易所平臺上，財政部開始利用利率招標、收益率招標等多種方式發行國債，首次市場化發行國債1952億元。我國債券發行利率市場化從此開始，為以後債券利率市場化改革積累了經驗。
	1997年	在銀行間債券市場上，國債、中央銀行融資券和政策性金融債實現了利率市場化，可自由進行債券回購和現券買賣，利率由交易雙方自行確定。
	1998年	國家開發銀行、中國進出口銀行成功實施債券的市場化發行。
	1999年	財政部首次在銀行間債券市場實行利率招標發行國債。
存貸款利率市場化	1998年10月	中國人民銀行對金融機構（不含農村信用社）的貸款利率進行市場化改革，小企業貸款利率最高上浮幅度由原來的10%提高到20%。農村信用社的貸款利率最高上浮幅度由40%擴大到50%。
	1999年4月	4月縣以下金融機構發放貸款的利率最高可上浮30%。
	1999年10月	中資商業銀行法人對中資保險公司法人試辦由雙方協商確定利率的大額定期存款。
	2000年9月	對外幣貸款利率進行改革，完全將外幣貸款利率放開。資金供求雙方可以通過國際市場的利率變動情況和資金成本、風險差異來自主確定外幣貸款利率；還放開了大額外幣存款利率的管制。
	2003年7月	商業銀行可自主確定一些主要外幣的小額存款利率。
	2003年8月	試點地區的農村信用社允許貸款利率上浮，上浮幅度不得超過貸款基準利率的兩倍。

續前表

時間	事件
2003年11月	商業銀行、農村信用社可以開辦郵政儲蓄協議存款。
2003年11月	商業銀行可以通過國際金融市場利率的變化,對美元、日圓、港幣、歐元小額存款利率實行上限管理。
2004年1月	商業銀行、城市信用社貸款利率的浮動區間擴大到基準利率的0.9～1.7倍。農村信用社貸款利率浮動區間擴大到基準利率的0.9～2倍。
2006年8月	商業性個人住房貸款利率浮動範圍擴大至基準利率的0.85倍。
2008年5月	商業性個人住房貸款利率下限擴大到基準利率的0.7倍。
2012年6月	金融機構貸款利率浮動區間的下限調整為基準利率的0.8倍,存款利率浮動區間的上限調整為基準利率的1.1倍。
2014年11月	金融機構存款利率浮動區間的上限由存款基準利率的1.1倍調整為1.2倍;其他各檔次貸款和存款基準利率相應調整,並對基準利率期限檔次作適當簡併。
2015年3月	金融機構存款利率浮動區間的上限由存款基準利率的1.2倍調整為1.3倍。
2015年5月	金融機構存款利率浮動區間的上限由存款基準利率的1.3倍調整為1.5倍。
2015年8月	放開一年期以上(不含一年期)定期存款的利率浮動上限,活期存款以及一年期以下定期存款的利率浮動上限(1.5倍)不變。
2015年10月	中國人民銀行對商業銀行和農村合作金融機構等不再設置存款利率浮動上限。

（表格最左側縱欄標示：存貸款利率市場化）

2. 資本市場多元化與開放

與利率市場化配套進行的是資本市場的逐步有序開放和多層次、多元化發展。20世紀90年代伊始,中國在上海和深圳分別成立了證券交易所,並於1992年成立了專門監管機構——中國證監會。1999年制定了《證券法》,以法律形

式確定了資本市場的地位，規範證券發行和交易行為。

　　21世紀的頭十年，是中國資本市場深化改革、健全市場機制的十年。2002年，證監會頒佈實施《證券公司管理辦法》，對證券公司內部控制與風險管理做出原則性規定，允許境外機構在境內設立中外合營券商。2004年，《中華人民共和國證券投資基金法》實施，推動機構投資者在我國資本市場發揮重要作用，標誌著基金行業進入有法可依的歷史階段。2005年，在「國九條」的指導下，正式啟動股權分置改革，採用大股東讓渡一部分股份、換取股份流通資格的方式，實現了同股同權的制度性轉軌；同時，深交所設立了中小企業板和代辦股份轉讓系統，擴大了資本市場的融資功能。2006年，中國金融期貨交易所成立，修訂後的《公司法》與《證券法》正式實施，這標誌著我國資本市場走向法制化，為中國證監會更高程度地規範中國的資本市場提供了基礎性條件。

　　全球金融危機爆發後，資本市場受到沉重打擊，市值損失超過6成。為了穩定行情，對沖風險，健全價格形成機制，2010年中國啟動了融資融券試點，滬深300指數在中金所上市。2012年，為了降低創業型、高科技中小企業的上市門檻，深交所推出了創業板，為中國資本市場注入了新鮮血液和活力。

　　2013年，中國共產黨第十八屆中央委員會第三次全體會議通過《中共中央關於全面深化改革若干重大問題的決定》，明確提出要「健全多層次資本市場體系，推進股票發行註冊制改革，多管道推動股權融資，發展並規範債券市場，提高直接融資比重」。同一年，以高科技、高成長型企業為主體的新三板全國擴容，多層次資本市場建設取得實質性進展。2014年11月，為了推動資本市場開放，擴大投資主體和股票範圍，開啟了滬港通。2015年，第十二屆全國人民代表大會常務委員會第十四次會議審議了《〈證券法〉修訂草案》，股票發行註冊制呼之欲出。

3. 資本帳戶開放程度穩步提高

　　在利率市場化和資本市場改革的背景下，中國資本市場未來的發展機會越來越多、空間越來越大。與之相聯繫的是資本帳戶開放的問題。圖6—1總結了中國資本帳戶開放的基本歷程。隨著資本市場的發展，必然對資金的自由流動

提出更高的要求。金融機構風險管理和資源優化配置要求全球的市場能夠實現更好的風險共擔。中國資本帳戶的不斷開放和匯率形成機制改革為進一步促進中國資本市場與全球資本市場的一體化與風險共擔創造了條件，但同時也提出了新的問題。在全球市場一體化的背景下，金融風險的跨境傳導使得無論是宏觀還是微觀的風險管理變得更加複雜。風險管理失當會導致金融體系不能正常發揮功能，並對實體經濟產生損害，嚴重的情況下，會阻礙改革開放進程的進一步推進。在資本帳戶開放和匯率形成機制改革的進程中，一個必須要回答的問題是：我們的金融市場和國際資本流動和匯率波動是如何互動的？風險是如何傳導的？要確保金融改革更好地促進金融體系效率的提高，必須防控風險。

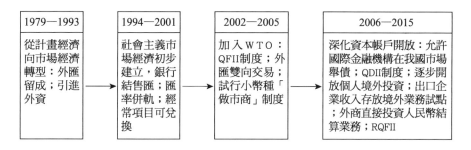

圖6—1　我國資本帳戶開放歷程的四大階段（1979—2015年）

6.2.2　市場聯動性的具體表現

金融市場是金融資產交易的載體，我們可以通過觀察市場間聯動關係研究標的資產的收益率及其波動的相關性。中國金融市場主要包括股票市場、外匯市場、貨幣市場和衍生品市場等，對其聯動關係的研究目前既包括金融市場內的聯動關係，也包括金融市場間多層次的聯動關係。通過簡要梳理學者們的研究成果，不難發現，我國已經形成了複雜的金融市場聯動機制。

1. 貨幣市場內的聯動
中國貨幣市場中的交易類型或標的主要包括同業拆借、回購、商業票據、

銀行承兌票據和大額可轉讓存單等。貨幣市場聯動是指各類交易或標的同時受到一個市場基準利率的影響。哪個利率指標適合作為貨幣市場的基準利率呢？方先明和花旻（2009）、蔣先玲等（2012）的研究均表明，Shibor作為中國貨幣市場基準利率具有一定合理性；宋芳秀和杜寧（2010）則認為，銀行間市場的同業拆借利率和（七日債券）回購利率是中國貨幣市場基準利率的代表，Shibor僅在短期利率方面有指導意義；李宏瑾和項衛星（2010）認為央票利率更具備貨幣市場基準利率的資格。

2. 資本流動與金融市場的聯動

在資本流動與金融市場的聯動關係方面，陳浪南、陳雲（2009）認為，影響我國短期國際資本流動的主要因素包括國內外利差（DIR）、人民幣名義匯率（NER）、人民幣匯率預期變化率（EE）、股票市場投資收益（SR）、房地產市場投資收益（RR）等。人民幣升值和上證綜合指數上漲會引起國際「熱錢」流入，但「熱錢」流入並不是人民幣升值和上證綜合指數上漲的原因。王國松、楊揚（2006）的研究則表明，1994年匯改前，影響我國資本流動的主要因素是人民幣匯率預期，但在1994年後我國的當期物價水準和人民幣名義匯率水準對我國國際資本流動的影響力明顯提高，人民幣匯率預期、物價水準和名義匯率共同成為我國資本流動的主要影響因素，即短期國際資本流入中國國內市場的動因是，在等待人民幣升值的同時，進入股票和房地產等資產市場套取「價格」收益。在內外部驅動因素方面，劉立達（2007）認為，中國國際資本流動的主要導因是內部拉動因素，最主要的外部因素即利差對資本流動幾乎沒有解釋能力，資本流動與「GDP差」（尤其是滯後值）表現出很強的關聯性。2015年匯率機制改革以來，房價上漲導致資本流出，進而引起人民幣即期匯率貶值和市場對人民幣的貶值預期，同時，股價也會下跌，存在股價和房價的「蹺蹺板效應」。

目前學術界在跨國資本市場收益率關聯方面的結論主要有兩點：一是如Eun and Shim（1989）提出的，美國股市在國際股票市場傳遞中起著非常重要的作用，二是如Soydemir（2000）提出的，經濟體資本市場間聯動機制的強度

和國際貿易的深度存在正相關關係。除去收益率方面的關聯，國際市場間流動性關聯在2008年金融危機後也越來越受到學界的關注。主要觀點有：經濟體內股票市場和債券市場由於非流動性問題易呈現一體化趨勢，且市場流動性和實體經濟之間存在緊密關係。

3. 股價與匯率聯動

資本市場與外匯市場間聯動關係通常通過股價與匯率之間的聯動關係來反映。Dornbusch（1980）提出流量導向（floworiented）觀點，根據經常專案或貿易收支狀況，分析匯率變化如何影響經濟體的貿易收支和國際競爭力，進而研究其對上市公司經營業績的具體影響並反映到資本市場中。與此相反，Frankel（1983）提出股票導向（stockoriented）觀點，從微觀到宏觀，認為國內股價的變化會影響跨境資本流動，從而使得匯率發生變化。進入20世紀90年代後，Ajayi and Mougoue（1996）等越來越多的研究結果表明，匯市和股市在長期和短期中均存在雙向相互影響的關係。

關於利率與股價之間的聯動關係，諸多國際研究證明，無論是發達國家還是發展中國家，利率與股價之間均存在顯著的負相關關係。王一萱和屈文洲（2005）通過實證證明，中國的利率與股價之間的聯動關係非常微弱，兩者中任何一個變數發生變動都不會導致另外一個變數發生改變；蔣振聲和金戈（2001）等則認為兩者是在彼此引導的方向上存在分歧，從股價到利率的傳遞是顯著的，而反向傳遞能力則比較弱。

4. 人民幣離岸與在岸市場聯動

在岸人民幣市場形成於1994年，並隨著我國外匯制度的改革不斷發展。1994年，我國進行首次大規模匯率制度改革，決定取消外匯留成、上繳和額度管理，實行結售匯制度，並建立全國統一的銀行間外匯市場即中國外匯交易中心，在岸人民幣市場由此形成，並在2001年中國加入WTO後迎來了貿易驅動型交易額猛增。2005年，「匯改」要求實行以市場供求為基礎、參考一籃子貨幣進行調節、有管理的浮動匯率制度，人民幣匯率波動明顯增加，而2015年「8・11」新匯改則要求進一步完善人民幣中間價報價機制，做市商報價時須

「參考上一日銀行間外匯市場收盤匯率」。這相當於給中間價設置了一個參照系，明確做市商報價來源，從而大大縮減央行操控中間價的空間，把確定中間價的主導權交給市場。由此，在岸人民幣匯率朝著市場化邁出了重要一步。

離岸人民幣市場起步於1996年，源於新加坡、香港等地為中國跨國貿易企業提供人民幣無本金交割遠期（NDF）產品，到期後以美元計價結算差額，以幫助其提前鎖定匯率，規避匯率波動風險，該產品直到21世紀初都是影響力最大的離岸人民幣交易品種。2009年，中國人民銀行公佈《跨境貿易人民幣結算試點管理辦法》，極大地拓展了離岸人民幣來源管道；2010年7月，中國人民銀行與香港金融管理局簽署協議，使香港人民幣存款可於銀行間往來轉帳並取消了企業兌換人民幣的上限，推動了離岸人民幣交割，香港離岸人民幣市場（CNH市場）在這兩次改革的背景下快速發展，對人民幣NDF市場形成了顯著替代。在香港以外，新加坡、倫敦、盧森堡等地也先後建設了離岸人民幣中心，共同助力人民幣國際化進程。相比而言，在岸人民幣市場規模較小，目前日均交易量約600億美元，離岸市場則在人民幣國際化的大背景下不斷發展，日均交易量已超過2 000億美元。

國內外很多學者圍繞離岸—在岸人民幣匯率關係展開了深入研究。例如，伍戈和裴誠（2012）運用AR－GARCH模型等定量分析方法，發現在岸匯率對離岸匯率具有引導作用，在岸市場在人民幣匯率定價上具備主動性。Cheung and Rime（2014)利用訂單流研究離岸和在岸匯率的互動，發現離岸匯率對在岸人民幣匯率有較大影響，並且對人民幣中間價有顯著的預測作用。雖然研究方法不同，研究結論有別，但幾乎所有學者都贊同：境外因素已開始越來越多地影響人民幣即期市場，人民幣NDF市場的資訊向國內人民幣即期市場的傳導機制使得人民幣NDF匯率將起到價格發現的作用，國內金融市場與境外市場的聯繫更加密切，獨立經濟政策的實現將會變得更加困難。在我國金融市場對外開放的逐步深入的宏觀背景下，市場之間的聯繫更加緊密，風險的傳導也更加迅速。因此與資本管制相比，通過匯率政策調整來管理風險將更為可行。適當放寬人民幣匯率的浮動區間，可以增加「熱錢」流動的成本和風險，有利於增強

我國貨幣政策的獨立性，進而為穩步推進資本帳戶開放創造條件。央行對離岸和在岸人民幣市場價差的調控能夠促進市場調節更好地發揮作用，控制金融失衡與金融風險。

前述研究較少考慮離岸—在岸匯率聯動關係中的非線性變化。為突破這一局限，王芳等（2016）採用門限誤差修正模型，發現當離岸與在岸匯價差較小時，在岸匯率對兩個市場匯率的引導作用更強。離岸匯率的自我調整能夠重建在岸與離岸匯率的均衡關係。此時在岸市場匯率為隨機遊走，而離岸市場匯率主要受在岸市場匯率、離岸市場流動性和投資者對全球資本市場風險的判斷影響。當離岸與在岸匯率價差較大時，在岸匯率失去引導作用。離岸市場表現出均值回歸特性，而在岸匯率表現出追漲殺跌特性。兩個市場的人民幣匯率走勢分離。通過市場調節重建其長期均衡關係的難度加大，需要耗費更長時間。當離岸與在岸匯率價差較大時，資本流動壓力加大，政策因素對匯率的作用加強。如能巧妙利用離岸—在岸匯率的聯動性，則央行引導市場預期甚至干預外匯市場都可取得事半功倍的效果。

6.3 跨境資本流動使市場聯動性和波動性增強

為了綜合分析資本流動對我國金融市場整體波動之間的關係，我們運用一個更加全面的基於經濟理論的實證模型（見附錄4），綜合考察短期資本流動、離岸和在岸人民幣市場匯價差、資本市場收益率、外匯市場無拋補套利超額收益和資本市場槓桿投資的交互作用。理論上講，離在岸人民幣市場匯價差、資本市場收益率和外匯市場超額收益的變動，既能驅動短期資本跨境流動，又會受到短期資本流動的影響。不容忽視的是，資本市場的槓桿投資在這個過程中往往起到推波助瀾的作用。然而，實際情況究竟如何，在缺乏可靠的實證研究的情況下很難做出準確的判斷。鑒於前人的研究大都只關心收益率的聯動，對市場波動與風險的聯動關注較少，而後者對於人民幣國際化背景下的

宏觀審慎監管至關重要。因此，我們在模型中同時考察了收益率和波動的跨市場聯動。

根據研究目的，我們搜集和整理了五組代表性資料：短期跨境淨資本流入額、離在岸人民幣匯價差、滬深300指數收益率、無拋補套利超額收益率、資本公開市場融資融券餘額。頻率為日度數據，並以2015年8月11日匯率制度改革為分界點，對「8‧11」新匯改前後的資料進行區分。在此基礎上，對五組資料相互之間存在的影響關係進行了檢驗，發現「8‧11」新匯改之後出現了一些新的變化：

（1）市場收益率與短期資本流動之間由單向影響改變為雙向影響，短期跨境資本對我國經濟的衝擊增強，可以更深入影響到資本市場的價格和槓桿水準。

在「8‧11」新匯改前，增加（或減少）滬深300指數的收益率，可以顯著推動資本公開市場融資融券餘額增速上升（或下降），並促進短期跨境資本流入（流出）。然而，該效應不能由跨境資本流動進一步反向影響A股價格或者融資融券餘額，這說明在「8‧11」新匯改前，跨境資本不能對中國資本市場及其槓桿率提高產生顯著影響，但其本身會受到股價攀升、槓桿率攀升的影響，入場博取收益，這也是顯著的國際「熱錢」流動特徵。

在「8‧11」新匯改之後，五組變數間的聯動關係較之前發生了明顯變化。中國資本市場價格、槓桿率和跨境資本淨流入由之前的單向驅動關係變為循環式的互動影響關係，三者之間存在顯著正相關，且對某一變數的衝擊呈現反身性的不斷強化特徵，這反映出「8‧11」新匯改之後，跨境資本流動對我國經濟的衝擊增強，已經可以更深入影響到資本市場的價格和槓桿水準。

（2）離岸、在岸人民幣匯價差與外匯市場無拋補套利收益率對資本市場收益率、槓桿率和資本流動的影響下降。

在「8‧11」新匯改前，離岸在岸人民幣匯價差的升高（或降低）會顯著導致美元與離岸人民幣利差的降低（或升高），進而導致中國資本市場收益率、槓桿率增速的降低（或升高）和跨境資本淨流入的減少（或升高）。但

是，「8‧11」新匯改後的離岸人民幣與美元的利差已經不能再對資本市場收益率、槓桿率和資本流動產生顯著影響了。

（3）金融市場風險的關聯性增強，且關聯性的波動性也有所增強。

我們實證模型中變數的波動性代表市場主體面臨的關於該變數的不確定性。這些不確定性會帶來經濟金融風險。在「8‧11」新匯改前，波動性存在顯著關聯的變數對有三組，它們是：離岸—在岸匯價差與無拋補套利超額收益、股市收益率與融資融券餘額變化、離岸—在岸匯價差與資本流動，其餘變數的關聯性均不顯著。在「8‧11」 新匯改前，資本流動的波動性和A股市場指數收益率的波動性並沒有顯著相關關係。

在「8‧11」新匯改之後，變數波動性之間的聯動關係顯著增加（詳細結果見附錄1），其中短期跨境資本流動、中國資本市場收益率和融資融券增長率三者的波動性之間的聯動關係增強，大大高於匯改前的聯動性。如圖6—2所示，在「8‧11」新匯改前跨境資本流動與資本市場波動性之間的關聯度幾乎為0，而在「8‧11」新匯改後，二者的關聯性顯著上升（見圖6—3）。在大部分時間裡，資本流動的波動性和資本市場的不確定性是正相關的。而該相關性本身也存在較大的波動。這說明在人民幣匯率彈性增強的情況下，短期資本流動和資本市場風險的關聯性加強了，這就對宏觀審慎監管提出了新的要求。

圖6—2 資本流動、資本市場收益率波動性的動態相關係數（「8‧11」新匯改前）

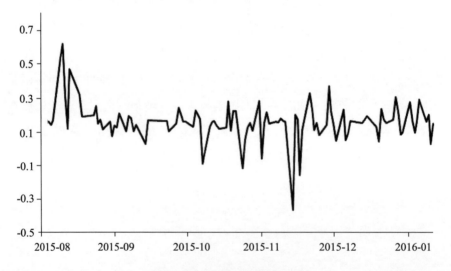

圖6—3 資本流動、資本市場收益率波動性的動態相關係數（「8‧11」新匯改後）

　　在進一步深化改革的背景下，特別需要研究的是，資本流動與金融市場之間會發生怎樣的聯動。以往的研究一般從高通脹率和財政赤字惡化角度入手，但由於這些問題在我國並未出現過，很難應用前人的研究來解釋中國當前金融

體系的脆弱性。我國金融體系是在以商業銀行為主體的基礎上逐步形成的，居民投資管道較少，儲蓄通常以存款形式實現，致使商業銀行長期以來流動性風險防範意識薄弱。然而，近年來隨著國有商業銀行剝離不良資產以及信貸資產證券化，同時伴隨著銀行准入放寬、利率市場化推進、互聯網金融的興起、影子銀行的出現，金融體系生態環境發生了巨大變化，商業銀行流動性風險大大增加。從全域看，金融機構的風險聚集於以下三個方面：首先，投資管道增多推高了流動性成本；其次，資金成本上升推高了市場風險偏好；最後，激烈的同業競爭降低了金融機構的風險控制標準。因此，要準確衡量資本流動對金融市場的衝擊，把握二者之間的聯動規律，必須結合金融機構的業務變化與流動性波動，將市場風險與金融機構風險有機地結合在一起進行全面分析研究，才能找到有效的宏觀審慎管理路徑。

AA101005

人民幣國際化報告 2016〈上冊〉：
貨幣國際化與宏觀金融風險管理

作　　者　中國人民大學國際貨幣研究所
版權策劃　李　鋒

發 行 人　陳滿銘
總 經 理　梁錦興
總 編 輯　陳滿銘
副總編輯　張晏瑞
編 輯 所　萬卷樓圖書(股)公司
特約編輯　吳　旻
內頁編排　林樂娟
封面設計　小　草
印　　刷　維中科技有限公司

出　　版　昌明文化有限公司
　　　　　桃園市龜山區中原街32號
電　　話　(02)23216565
發　　行　萬卷樓圖書(股)公司
　　　　　臺北市羅斯福路二段41號6樓之3
電　　話　(02)23216565
傳　　真　(02)23218698
電　　郵　SERVICE@WANJUAN.COM.TW
大陸經銷
廈門外圖臺灣書店有限公司
電郵 JKB188@188.COM

ISBN 978-986-496-391-1
2019 年 2 月初版一刷
定價：新臺幣 400 元

如何購買本書：
1. 劃撥購書，請透過以下帳號
　　帳號：15624015
　　戶名：萬卷樓圖書股份有限公司
2. 轉帳購書，請透過以下帳戶
　　合作金庫銀行古亭分行
　　戶名：萬卷樓圖書股份有限公司
　　帳號：0877717092596
3. 網路購書，請透過萬卷樓網站
　　網址 WWW.WANJUAN.COM.TW
　　大量購書，請直接聯繫，將有專人
　　為您服務。(02)23216565 分機 10
如有缺頁、破損或裝訂錯誤，請寄回
更換

國家圖書館出版品預行編目資料

人民幣國際化報告 . 2016：貨幣國際化與
宏觀金融風險管理 / 中國人民大學國際貨
幣研究所著 . – 初版 . – 桃園市：昌明文化
出版；臺北市：萬卷樓發行 , 2019.02
　　冊；　公分
ISBN 978-986-496-391-1(上冊：平裝). –
ISBN 978-986-496-392-8(下冊：平裝)
1. 人民幣 2. 貨幣政策 3. 金融管理 4. 中國
561.52　　　　　　　　　　108002455

本著作物經廈門墨客知識產權代理有限公司代理，由中國人民大學出版社
授權萬卷樓圖書股份有限公司出版、發行中文繁體字版版權。